B2

MÉTHODE DE FRANÇAIS
CAHIER D'EXERCICES

D1418963

Auteurs :
Frankie Fauritte
Alexandra Horquin

Araceli Rodríguez Tomp (phonétique)
Alexandra Horquin (DELF)

ÉDITIONS
maison des langues

www.emdl.fr/fle

DÉFI 4 - CAHIER D'EXERCICES - Niveau B2

AUTEURS

Frankie Fauritte *(unités 2, 3, 5, 6 et 8)*
Alexandra Horquin *(unités 1, 4, 7 et 9)*

Araceli Rodríguez Tomp *(phonétique)*
Alexandra Horquin *(DELF)*

ÉDITION ET RÉVISION PÉDAGOGIQUE

Gema Ballesteros Pretel

CORRECTION

Béatrice Lafont

CONCEPTION GRAPHIQUE ET COUVERTURE

Miguel Gonçalves, Pablo Garrido *(couverture)*

MISE EN PAGE

Ana Varela García

ILLUSTRATIONS

Daniel Jiménez

DOCUMENTATION

Simon Malesan-Jordaney

Tous les textes et documents de cet ouvrage ont fait l'objet d'une autorisation préalable de reproduction. Malgré nos efforts, il nous a été impossible de trouver les ayants droit de certaines œuvres. Leurs droits sont réservés à Diffusion, S. L. Nous vous remercions de bien vouloir nous signaler toute erreur ou omission ; nous y remédierions dans la prochaine édition. Les sites Internet ré   peuvent avoir fait l'objet de changement. Notre maison d'édition décline toute responsabilité concernant d'éventuels changements. En aucun cas, nous ne pourrons être tenus pour responsables des contenus de liens vers des tiers à partir des sites indiqués.

www.emdl.fr/fle

MIXTE
Papier issu de
sources responsables
FSC® C019520

DANGER
LE
PHOTOCOPILLAGE
TUE LE LIVRE

SOMMAIRE

Ville en vie

La ville et la poésie

1. **Lisez le poème et répondez aux questions.**

Paris bloqué

Ô ville, tu feras agenouiller l'histoire.
Saigner est ta beauté, mourir est ta victoire.
Mais non, tu ne meurs pas. Ton sang coule,
    mais ceux
Qui voyaient César rire en tes bras paresseux,
S'étonnent : tu franchis la flamme expiatoire,
Dans l'admiration des peuples, dans la gloire,
Tu retrouves, Paris, bien plus que tu ne perds.
Ceux qui t'assiègent, ville en deuil, tu
    les conquiers.
La prospérité basse et fausse est la mort lente ;
Tu tombais folle et gaie, et tu grandis sanglante.
Tu sors, toi qu'endormit l'empire empoisonneur,
Du rapetissement de ce hideux bonheur.
Tu t'éveilles déesse et chasses le satyre.
Tu redeviens guerrière en devenant martyre ;
Et dans l'honneur, le beau, le vrai, les
    grandes mœurs,
Tu renais d'un côté quand de l'autre tu meurs.

Victor Hugo, 1872

a. Soulignez les rimes.
b. En petits groupes, choisissez une des rimes et trouvez un maximum de mots qui finissent avec le même son en deux minutes. La personne qui a trouvé le plus de mots gagne.
c. Choisissez un mot que vous aimez dans le poème de Victor Hugo et écrivez un acrostiche à partir de ce mot.

Parler de la ville

2. **Complétez ces mots croisés sur le lexique de la ville.**

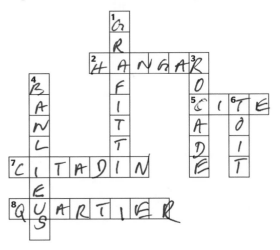

1. Inscription ou peinture sur un mur.
2. Synonyme de « entrepôt », c'est une construction destinée à abriter certaines marchandises.
3. Voie rapide qui permet de contourner une agglomération.
4. Ensemble des agglomérations qui entourent une grande ville.
5. Synonyme de « ville ».
6. Surface supérieure d'un bâtiment.
7. Se dit d'une personne qui habite en ville.
8. Partie d'une ville.

3. **Écoutez le document puis répondez par vrai ou faux.**

🎧 1

a. Le journaliste fait la promotion d'un livre sur New York. V / F
b. Les New-Yorkais n'aiment pas utiliser les superlatifs. V / F
c. Les New-Yorkais ont une passion forte pour les chiens. V / F
d. Quand il neige à New York, toute la ville est bloquée. V / F
e. Le surnom donné à New York est « la Ville Lumière ». V / F

4. **En 80 secondes, trouvez un maximum de mots que vous associez à votre ville, puis comparez vos réponses avec vos camarades.**

— *New York : Times Square, Brooklyn, déli, rats, pizzas...*

5. **En petits groupes, écrivez un poème sur votre ville en y insérant le maximum de mots trouvés dans l'activité précédente.**

La transformation et le renouveau

6. **Complétez cette pétition avec les expressions suivantes.**

donner un second souffle   redorer l'image de

réaménager les équipements   faire renaître de ses cendres

réinventer les quartiers autour

De : Adrien via echange.dfi
Objet : Il est temps de s'occuper de Calais !

echange.dfi

Chers compatriotes,

Beaucoup de gens associent Calais à une jungle où vivent des milliers de migrants. Pour le maire de Calais, il est donc urgent de .... la ville. Une première solution serait de .... au centre-ville. Comment ? On pourrait .... et les espaces publics ou encore .... le patrimoine historique. Ensuite, pourquoi pas .... du front de mer et de la plage pour mieux séduire la population locale ou de passage.

Dans tous les cas, il est temps de s'occuper de Calais !

Signez la pétition

Éviter les répétitions

7. Réécrivez ce texte pour éviter les répétitions.

TANGER

Localisation : en bord de mer, au Maroc, au nord de l'Afrique.

Surnom : La Perle du Nord

Depuis une dizaine d'années, Tanger s'est complètement transformée. Avant, Tanger était industrielle et usée par le temps, mais maintenant, Tanger a pris un coup de jeune. Depuis peu, un train grande vitesse relie Rabat, Casablanca et Tanger. Tanger s'est dynamisée avec la création de nouvelles industries et d'un nouveau quartier d'affaires. De plus, les routes de Tanger ont été améliorées et le port de Tanger a été modernisé et aménagé. Ces métamorphoses ont permis à Tanger d'attirer davantage les locaux et les touristes car il fait bon vivre à Tanger !

Exprimer la cause

8. Soulignez la cause dans les phrases suivantes.

a. Charleroi est surnommé le Pays Noir du fait de son passé minier.

b. En raison de la présence de la plupart des institutions européennes, on dit que Bruxelles est la Capitale de l'Europe.

c. Toulouse est appelée la Ville Rose puisque les bâtiments de cette ville sont construits avec des briques de cette teinte.

d. Vu que Bordeaux est une ville dont le centre historique inspire la quiétude, certains la nomment la Belle Endormie.

9. Reformulez les phrases de l'activité précédente avec d'autres expressions de cause.

10. Reliez les phrases en utilisant une expression de cause.

a. Ils évitent de prendre le périph. → Il y a tout le temps des embouteillages aux heures de pointe.

b. Cette tour a été détruite puis réhabilitée. → Cette tour menaçait de s'effondrer.

c. La mairie veut que les artistes puissent s'exprimer librement dans un lieu spécifique. → Le hangar désaffecté va être reconverti en lieu d'expression de *Street Art*.

d. Il faut redonner un rôle économique à cette ville. → Les autorités locales visent à une requalification urbaine.

Parler de la beauté et de la laideur

11. Écoutez l'extrait de cette émission radio et complétez le tableau.

🎧 2

	Avis sur le tourisme de ruines (positif ou négatif)	Expressions pour parler de la beauté et de la laideur	Expressions synonymes de « en ruines »
1			
2			
3			
4			

12. Et vous ? Comment trouvez-vous les villes ou lieux en ruines ou laissés à l'abandon ?

Les préfixes

13. Reformulez les phrases en remplaçant les mots en gras avec un verbe qui contient le préfixe *re(n)-*, *ré-*, *ra-* ou *dé-*.

a. De plus en plus de jeunes actifs achètent leur premier appartement dans cette jolie ville de banlieue. **La ville devient plus jeune.**
La ville (se) rajeunit.

b. La sécurité est de plus en plus forte dans les gares et autres lieux publics.

c. Ma rue a encore changé de nom. Maintenant, j'habite rue Simone Veil.

d. Ma mère a modernisé sa cuisine **en achetant de nouveaux équipements**.

e. La mairie souhaite que la circulation automobile soit **plus lente** dans le centre-ville.

f. En me déplaçant exclusivement à vélo tous les jours, j'ai **rendu** mon corps **plus ferme**.

g. Des dizaines de familles ont été **privées de leur logement** à la suite de fortes intempéries.

h. La croissance des incivilités et les dégradations d'immeubles et de voitures ont contribué à **faire perdre de la valeur** à l'immobilier de ce quartier.

Les surnoms de villes

14. Retrouvez quelle est la ville cachée dans ces 3 énigmes puis vérifiez vos réponses dans la page 21 du *Livre de l'élève*.

15. À votre tour, créez un rébus pour faire deviner une ville au reste de la classe.

Parler d'urbanisme et des villes du futur

16. Écoutez l'extrait de cette émission radio et répondez aux questions suivantes.
3

a. Vrai ou Faux ? Beaucoup de candidatures ont été envoyées dans l'espoir d'obtenir un prix de l'innovation urbaine. Justifiez avec une phrase entendue.

b. Vrai ou Faux ? Cet engouement redore l'image de la France en matière d'innovation.

c. En France, qui œuvre pour transformer les villes ?

d. En faveur de quoi ces personnes ou organismes travaillent-ils ?

e. Choisissez un des trois exemples évoqués et résumez le projet en question.

L'augmentation

17. À l'aide de la page 22 du *Livre de l'élève*, trouvez des synonymes du mot *augmentation*.

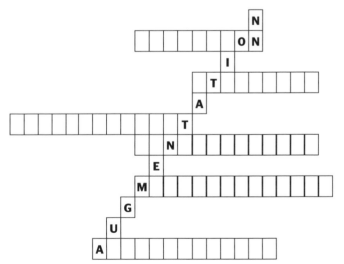

18. Transformez les noms de l'activité précédente en verbes pour créer des phrases.

— *La population dans les villes augmente chaque année.*

....

....

....

....

....

Exprimer la conséquence

19. Associez les verbes suivants à leur complément.

a. Aboutir •

b. Être le résultat •   • **1.** Quelque chose

c. Donner naissance •   • **2.** À quelque chose

d. Causer •   • **3.** De quelque chose

e. Conduire •

20. Dans le texte ci-dessous, soulignez les conséquences et entourez les marqueurs utilisés.

On achète ?

En 2019, en France, les taux d'intérêt ont rarement été aussi bas, à tel point que certains Français n'ont pas hésité à matérialiser leurs projets d'achat. L'augmentation du nombre de ventes est si importante qu'il ne serait pas étonnant qu'un nouveau record soit établi d'ici la fin de l'année. Cependant, cette hausse ne profite pas à tous et il existe de forts contrastes en fonction des régions. Par exemple, à Paris, le prix au mètre carré avoisine en moyenne les 10 000 euros et de ce fait, c'est surtout les cadres supérieurs et les professions libérales qui peuvent se permettre d'acheter des biens. Cette gentrification forcée amène donc les plus modestes à préférer investir en province. En outre, ces taux d'intérêt attractifs suscitent un fort engouement pour l'acquisition immobilière chez les jeunes qui représentent presque la moitié des acquéreurs au niveau national. Cependant, il y a tellement de Français qui se sont endettés que la Banque de France semble s'inquiéter de cette situation qui ressemble à celle de 2007-2008, avant la crise financière.

21. Réutilisez trois marqueurs de conséquence de l'activité précédente pour relier les phrases suivantes entre elles. Vous pouvez un peu transformer les phrases, si nécessaire.

a. L'augmentation des caméras de surveillance dans les villes intelligentes. → Une meilleure sécurité des habitants.

L'augmentation des caméras de surveillance dans les villes intelligentes amène à une meilleure sécurité des habitants ou Il y a de plus en de caméras de surveillance dans les villes intelligentes à tel point que les habitants se sentent en sécurité.

b. La gentrification des villes. → Les classes sociales plus modestes ne peuvent plus trouver de logement abordable.

....

c. La Ville a embelli ce secteur en le végétalisant. → Les touristes s'y baladent plus souvent.

....

d. La multiplication des transports alternatifs tels que la trottinette, le skate... → Le nombre de petits accidents s'accroît.

....

....

22. Lisez le texte et répondez aux questions.

a. Repérez les trois arguments et conséquences qui montrent que l'auteur est en défaveur des *Smart Cities*.

b. Reformulez chaque argument et conséquence en choisissant des marqueurs de conséquence différents de ceux utilisés par l'auteur. Vous pouvez un peu transformer les phrases, si nécessaire.

Vraiment *smart* ?

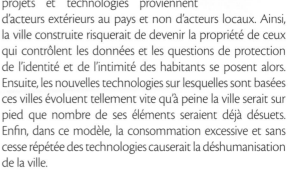

En Afrique, à l'instar de Konza, Kigali ou Diamniadio, les villes intelligentes à l'architecture moderne et dans lesquelles l'écologie est au centre deviennent petit à petit une norme à atteindre. Cependant, de nombreuses critiques envers ces villes existent. Tout d'abord, les projets et technologies proviennent d'acteurs extérieurs au pays et non d'acteurs locaux. Ainsi, la ville construite risquerait de devenir la propriété de ceux qui contrôlent les données et les questions de protection de l'identité et de l'intimité des habitants se posent alors. Ensuite, les nouvelles technologies sur lesquelles sont basées ces villes évoluent tellement vite qu'à peine la ville serait sur pied que nombre de ses éléments seraient déjà désuets. Enfin, dans ce modèle, la consommation excessive et sans cesse répétée des technologies causerait la déshumanisation de la ville.

Le pronom neutre *le*

23. Réécrivez les phrases suivantes en remplaçant ce qui est en gras par le pronom *le*.

a. Je lui ai répété plusieurs fois **d'être plus économe** mais rien ne change.

b. Il est **sublime** , sans aucun doute !

c. Nous souhaitons **que ça change** et nous ferons tout pour avoir ce changement.

d. Vous dites **que vous vous excusez** mais vous ne pensez pas vos excuses.

e. Elle va annoncer **le nouveau projet qu'elle a pour la ville** la semaine prochaine.

Les expressions avec *coin* et les noms de ville

24. Complétez les phrases à l'aide des étiquettes.

| au coin | n'est pas du tout du coin | C'est Byzance, ici |

| Perpète-lès-Oies | à tous les coins de rues | au petit coin |

a. Étienne ? Ah non, il .... ! Il habite à .... ! Je ne sais même pas si tu trouveras avec ton GPS !!
b. Depuis 2017, en France il n'y a plus de cabine téléphonique .... comme dans les années 1900.
c. Je voudrais passer ...., avant de prendre la route. Je sais que ce sera difficile de s'arrêter dans les prochaines heures, surtout s'il y a des bouchons !
d. J'habite .... de la rue mais pourtant, entre mon appartement et le tien, il y a une grande différence ! C'est incroyable ! .... !

Rédiger une lettre ouverte

25. Complétez cette lettre ouverte avec les expressions suivantes.

| Sur le plan de | nous vous assurons | par conséquent | J'ai l'honneur de vous écrire | ce projet contribue à |

| De plus | En effet | nous ne croyons pas | les arguments à son encontre sont nombreux | pour vous demander de |

| Tout d'abord | Ensuite | nous tenons à rappeler que | nous souhaiterions que | Par ailleurs | Finalement |

| Premièrement | nous sommes convaincus qu' | ne nous apparaît pas | nous demandons que | Ainsi |

À Marseille, le 29 juillet 2019

Monsieur le Maire,

.... au nom de l'association Citoyens Libres ! .... renoncer à l'installation de 1000 nouvelles caméras de surveillance dans les quartiers nord de Marseille. ...., notre association doute de l'efficacité de ces caméras et ....

...., ... depuis 1995 où la vidéosurveillance a été mise en place en France, aucune étude sérieuse n'a été menée pour vérifier leur utilité. ...., depuis de nombreuses années, nous avons le sentiment de payer des impôts locaux délirants, sûrement pour rien, et .... cela cesse.

...., ... renforcer l'impression désagréable que nous avons d'être épiés dans nos moindres faits et gestes. Nous, citoyens honnêtes, vivons mal sous l'œil des caméras. .... la vie privée, qui peut aujourd'hui nous assurer que les données personnelles que vous collectez avec ces caméras ne seront pas un jour croisées avec d'autres systèmes informatiques et utilisées contre nous ? Personne !

...., ... en votre argument principal qui est de dire que ces caméras ont pour but de nous protéger et de diminuer ou supprimer la délinquance. ...., prenons l'exemple de Nice, ville très vidéosurveillée qui pourtant n'a malheureusement pas été épargnée par un attentat terroriste en juillet 2016. ...., concernant la petite délinquance, ... elle ne fera que se déplacer pour prendre ses quartiers ailleurs.

...., le rapport coût-bénéfice de ces caméras .... intéressant et ...., ..., préférablement, plus de moyens humains soient mis en place.

En espérant que ces arguments pourront influencer votre décision, ..., Monsieur le Maire, de notre plus respectueuse considération.

Jean Neymar, président de l'association Citoyens Libres !

26. À votre tour, écrivez une lettre ouverte dans laquelle, au contraire de l'activité précédente, vous demandez plus de caméras de surveillance.

PROSODIE - L'accentuation

27. Écoutez le poème de Verlaine *Il pleure dans mon cœur*.
🎧 Soulignez les syllabes qui sont prononcées plus longues
4 que les autres.

> *Il pleure dans mon cœur*
> *Comme il pleut sur la ville ;*
> *Quelle est cette langueur*
> *Qui pénètre mon cœur ?*
> *Ô bruit doux de la pluie*
> *Par terre et sur les toits !*
> *Pour un cœur qui s'ennuie,*
> *Ô le chant de la pluie !*

⊕ L'accent dans les mots

En français, la syllabe accentuée est une syllabe ....
Cette syllabe longue est toujours placée .... d'un
groupe de mots.
Le mot accentué est toujours important pour comprendre le
sens de la phrase.

28. Écoutez les phrases et soulignez les syllabes accentuées.
🎧
5 **a.** Nous avons tous des points de repère dans notre ville.
b. New York est une ville cosmopolite et pleine de sites à
visiter.
c. Ma ville préférée dans le monde est Paris.
d. Je n'aime pas les villes trop grandes, elles sont
déshumanisées.
e. Marcher dans une ville est la meilleure manière de la
connaître.
f. Des villes touristiques, des villes industrielles, elles ont
toutes un charme.
g. Ushuaïa est la ville la plus méridionale du monde, elle est
située en Argentine.
h. Notre idée de la ville doit évoluer pour s'adapter aux
défis de la vie moderne.

29. Relisez les phrases à voix haute. Enregistrez-vous, si
c'est nécessaire, pour vous écouter et comparez votre
prononciation à celle de l'enregistrement.

30. Soulignez les syllabes qui, selon vous, doivent être
accentuées et lisez les phrases à voix haute en faisant
attention de bien prononcer les syllabes allongées.

a. Les villes du futur devront utiliser de plus en plus
d'énergies renouvelables.
b. Les murs végétaux et les toits verts sont une solution au
problème de la pollution.
c. Nous verrons, d'ici quelques années, augmenter le
nombre de voitures électriques.
d. Les autorités devraient encourager l'utilisation du vélo
comme moyen de transport.
e. Les nouvelles villes seront composées en priorité
d'immeubles intelligents.
f. La ville doit être un espace plus vivable pour tous ses
habitants.
g. Nous devons développer des moyens de transport plus
efficaces.

31. Écoutez les phrases enregistrées et comparez les accents
🎧 prononcés et ceux que vous avez marqués. Comparez la
6 prononciation de l'enregistrement et la vôtre.

PHONÉTIQUE - Les sons [j] et [ʒ]

32. Écoutez les phrases suivantes, puis répétez-les. Faites
🎧 attention à bien prononcer les sons [j] et [ʒ].
7
a. Mon chien Gin voyage dans une cage.
b. Je meurs de rage au bord du Tage.
c. Cette fille rougit facilement.
d. Il mange des cailles.
e. N'utilise pas de pailles.
f. C'est une grosse faille.
g. Ce boulon est rouillé.

33. Écoutez les phrases et cochez si vous entendez le son [j]
🎧 comme *fille* ou [ʒ] comme *fige*.
8

	J'entends [j]	**J'entends [ʒ]**
a.		
b.		
c.		
d.		
e.		
f.		
g.		

34. Lisez le texte suivant à voix haute, en faisant bien attention
à prononcer les syllabes accentuées et les sons [j] et [ʒ].

Les nouvelles mobilités
L'accroissement des populations urbaines pose la
question de la congestion des déplacements. De
la notion de « transports urbains », on est passé au
concept de « mobilité » qui traduit la diversification
des moyens de déplacements, la nécessité de
les connecter, la variété des usages. Les moyens
de déplacement se multiplient : tramways légers
automatiques, téléphériques, véhicules autonomes sur
des trajets fixes, vélos, trottinettes ou *hoverboards*. Les
usages se diversifient : l'autopartage, le covoiturage,
la location en libre-service de voitures ou de vélos,
le transport à la demande avec réservation par
applications mobiles.

Le big data urbain
Les données numériques sont aujourd'hui partout dans
la gestion urbaine. La maîtrise de l'énergie au sein des
immeubles ou des éco-quartiers suppose une meilleure
connaissance à la fois des flux de production et des phases
de consommation. Les données collectées par des capteurs
et les systèmes de géolocalisation permettent de mieux
gérer les flux de circulation. Le besoin de sécurité dans
les villes multiplie les enregistrements vidéo. Les services
publics et l'administration des citoyens se numérisent
à tous les niveaux. Ce big data impose de nouvelles
régulations pour assurer à la fois des gestions efficaces et la
liberté individuelle des citoyens.

35. Répétez les phrases suivantes de plus en plus vite.

a. Dans la gendarmerie, quand un gendarme rit, tous les gendarmes rient dans la gendarmerie.

b. Suis-je bien chez ce cher Serge ?

c. La fille Millet voyage sur les rails.

d. Un généreux déjeuner régénérerait des généraux dégénérés.

e. La caille dans sa cage rouillée.

Autoévaluation

Mes compétences à la fin de l'unité 1

Je suis capable de...	J'ai encore des difficultés à...	Je ne suis pas encore capable de...	
			échanger sur la poésie
			composer un poème
			parler de beauté et de laideur
			évoquer mes sensations
			parler des défis des villes
			imaginer la ville du futur
			parler d'urbanisme
			échanger sur les romans d'anticipation

Mon bagage sur cette unité

1. Qu'est-ce que vous avez appris sur la culture française et francophone ?

....
....
....
....

2. Qu'est-ce qui vous a le plus intéressé et / ou étonné ?

....
....
....
....

3. Qu'est-ce qui est différent par rapport à votre culture ? Et qu'est-ce qui est similaire ?

....
....
....
....

4. Vous aimeriez en savoir plus sur...

....
....
....
....

De la fourche
à la fourchette

Parler de plantes et d'agriculture

1. Écoutez le reportage et complétez la fiche d'information.

🎧 9

Pays concerné(s) : ....

Initiateur(s) du projet : ....

Bénéficiaire(s) du projet : ....

Problème : ....

Origine(s) du problème : ....

Conséquence(s) : ....

....

Solution proposée : ....

Intérêt(s) pour le(s) bénéficiaire(s) : ....

2. Complétez le schéma avec le nom des différentes parties d'une plante.

a. le bouton

b. ....

c. ....

d. ....

e. ....

f. la tige

g. ....

3. Complétez le texte avec le vocabulaire de l'activité précédente.

Les étapes de la vie d'une plante à fleur

1 **La germination :** La .... germe quand certaines conditions de température, de luminosité et d'humidité sont réunies. Elle s'ouvre et donne naissance à une pousse.

2 **La croissance :** C'est l'étape où se développent les ...., qui servent à fixer la plante au sol et à y puiser l'eau et les sels minéraux, les ...., qui soutiennent la plante et transportent la sève (eau + sel minéraux), et enfin, les ...., qui participent à la photosynthèse et qui assurent les fonctions de respiration et de transpiration.

3 **La floraison :** Des .... apparaissent et donnent naissance à des .... qui constituent les organes reproducteurs de la plante.

4 **La pollinisation :** Le pollen contenu dans les .... mâles est transporté par le vent ou les insectes pollinisateurs vers le pistil d'une .... femelle, qui est ainsi fécondée.

5 **La fructification :** Lorsque la .... a été pollinisée, elle fane et laisse la place à un .... qui contient des ....

Exprimer sa subjectivité

4. Pour chaque série d'adjectifs, barrez celui qui a un sens opposé aux autres. Utilisez un dictionnaire si nécessaire.

a. bien - positif - dommage - heureux

b. intolérable - légitime - révoltant - inadmissible

c. apaisant - réconfortant - affligeant - rassurant

d. équitable - injuste - inhumain - cruel

e. étonnant - normal - surprenant - bizarre

f. admirable - exceptionnel - remarquable - déplorable

g. inconcevable - raisonnable - insensé - invraisemblable

h. important - essentiel - capital - inutile

i. effroyable - merveilleux - affreux - atroce

j. raisonnable - sensé - sage - abusif

5. Exprimez votre opinion sur les sujets suivants en utilisant un adjectif de l'activité précédente.

a. Les femmes ont un salaire inférieur à celui des hommes.
Il est inadmissible que les femmes aient un salaire inférieur à celui des hommes.

b. De nombreuses personnes prennent l'avion pour ne pas passer trois heures dans un train.
Ça me semble...

c. Certaines personnes utilisent leur téléphone à table.
Il est...

d. Les pires criminels peuvent être défendus par un avocat.
Je trouve...

e. Beaucoup de personnes âgées finissent leur vie dans une maison de retraite.
Il me semble...

f. Dans le monde entier, des gens meurent pour leurs idées.
C'est...

g. C'est l'économie qui dirige les décisions politiques.
À mon sens...

h. Certains parents mettent des fessées à leurs enfants pour les éduquer.
Il me paraît...

i. Des amoureux s'embrassent parfois dans la rue.
Je ne trouve pas qu'il soit...

6. En petits groupes, comparez vos points de vue sur les phrases de l'activité précédente.

• *Moi, je ne trouve pas normal que les femmes aient un salaire inférieur à celui des hommes.*
◦ *Oui, je suis d'accord. C'est même inadmissible.*

7. Écoutez la chronique puis dites si les affirmations sont vraies ou fausses. Corrigez les informations erronées.

a. Le maire de Langouët est surpris qu'un habitant de sa commune présente un taux de glyphosate 3 fois supérieur à la normale, bien qu'il mange bio. V / F

b. Le maire de Langouët a pris un arrêté municipal pour interdire l'utilisation de pesticides à moins de 150 mètres des habitations et des bâtiments à usage professionnel. V / F

c. Le tribunal administratif a estimé que l'arrêté du maire de Langouët n'était pas abusif et il a décidé de le maintenir. V / F

d. Les maires n'ont pas le pouvoir de réglementer l'utilisation des pesticides sauf en cas de danger imminent. V / F

e. Une soixantaine de maires ont signé des arrêtés similaires pour leur commune. V / F

f. Ces maires ont agi sous la pression de la population. V / F

g. Les agriculteurs trouvent que la démarche des maires est légitime. V / F

h. Ces maires ont pris ces arrêtés car selon eux, il est urgent que le gouvernement réagisse. V / F

i. Peu de personnes ont participé à la consultation publique sur les pesticides lancée par le gouvernement. V / F

8. Lisez les réactions des auditeurs à la chronique de l'activité précédente. Puis répondez aux questions.

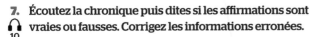

≡ **CHRONIQUE ENVIRONNEMENT**
#lesmairesentrentenrésistancecontrelespesticides

 Nicolodu15 - 28 min
Je trouve vraiment triste que les agriculteurs ne comprennent pas qu'en utilisant des pesticides, ils détruisent eux-mêmes leur outil de travail, la terre.

 Eric_63 - 25 min
En réponse à @Nicolodu15
Moi, je suis agriculteur et je soutiens complètement ces maires. Comme beaucoup de mes collègues, je suis prisonnier des techniques de l'agriculture conventionnelle. J'espère vraiment que le combat que mènent ces maires aboutira à une interdiction des pesticides, parce que comme ça, le gouvernement sera obligé de nous aider à passer à d'autres méthodes. En plus, les gens arrêteront de nous considérer comme des assassins parce que ça aussi, c'est dur.

 Bob le semeur - Il y a 3 jours
Non mais j'hallucine ! De quoi ils se mêlent les maires ? Ils n'y connaissent rien et ils veulent imposer leur arrêté à deux sous. Tout ça parce que les élections municipales approchent... Une belle bande de politicards, tiens !

 Isa Sauvage - Il y a 3 jours
En réponse à @ Bob le semeur
C'est consternant de lire ce genre de réaction. Parmi les maires, il y a des professionnels de santé qui savent très bien les conséquences gravissimes que les pesticides ont sur la population. Ils ont absolument raison de vouloir protéger leurs administrés.

 Maire_du_18 - Il y a 3 jours
Je suis maire d'une petite commune et je suis très sensible aux questions environnementales. Pourtant, je ne comprends pas ce mouvement. Je ne prendrai pas ce type d'arrêté car j'estime qu'interdire aux agriculteurs d'utiliser des pesticides sans leur donner les moyens de faire autrement, c'est irresponsable.

 Isa Sauvage - Il y a 3 jours
Bravo aux maires ! C'est réjouissant de voir que nos élus se mobilisent enfin contre ce poison qu'est le glyphosate.

 Kris_72 - Il y a 3 jours
En réponse à @ Isa Sauvage
Il y a presque 35 000 communes en France et seulement une soixantaine de maires qui ont pris un arrêté... Quand on voit les dégâts que les pesticides sont capables de faire sur l'homme et sur l'environnement : les oiseaux, les vers de terre, les insectes pollinisateurs qui disparaissent. Les pesticides signent notre arrêt de mort et seulement 60 maires réagissent. Je trouve cela plutôt décevant. D'autant plus que 90 % des Français sont contre l'utilisation de pesticides. Elle est où la démocratie ?

 De_qui_se_moque_t_on - Il y a 3 jours
Je ne peux pas croire que la justice administrative n'admette pas qu'il y ait péril imminent ! Bien sûr que nous sommes en danger et c'est plus qu'imminent. C'est scandaleux d'imposer à la population de respirer un poison potentiellement mortel.

 Yvan Lebec - Il y a 3 jours
C'est inadmissible de voir que des maires se comportent comme des hors-la-loi ! Nous, les agriculteurs, on nourrit la population, on arrive à peine à survivre et on veut carrément nous empêcher de travailler ! Honte à eux !

a. Quels internautes sont favorables à l'initiative des maires et à l'interdiction des pesticides ?

b. Listez leurs arguments.

c. Quels internautes s'y opposent ?

d. Listez leurs arguments.

e. Réagissez à la conversation en quelques phrases.

9. Écoutez le document et complétez les phrases.

🎧 11

a. Étienne Fourmont estime injuste _____

b. Il n'aime pas _____

c. Les gens s'inquiètent _____

d. Étienne trouve agaçant _____

e. Selon Roger Fourmont, les Français sont choqués _____

f. Pour Étienne, il est énervant _____

L'élevage

10. Complétez cette affiche avec les mots en étiquettes. Faites les transformations nécessaires.

| ruche | troupeau | champ | mouton | vache |

| berger | pâturage | apiculteur | chèvre | élever |

Le pré de chez nous

Le restaurant Le pré de chez nous vous garantit la fraîcheur, la qualité et la traçabilité de toutes ses viandes et produits animaux. Nous nous fournissons exclusivement auprès de ces producteurs locaux :

La ferme bovine Les Gasconnes

troupeau

Mokhtar et Francine élèvent une trentaine de *vaches* laitières. Leur *pâturage* s'alimente de manière naturelle presque toute l'année. Des céréales cultivées dans les *champs* alentours complètent leur alimentation. La ferme est certifiée bio.

La bergerie pyrénéenne

Dans la famille de Mathieu, on est *berger* de père en fils. Ses 60 *moutons* passent presque la totalité de leur vie au *troupeau* *pâturage* en altitude. La viande de ses agneaux est certifiée Agriculture biologique.

La Ferme du Moulin

Marc et Gilbert *élèvent* en plein air 40 *chèvres* 20 porcs, 5 vaches, et une soixantaine de volailles. Avec l'aide de deux employés, ils transforment sur place la viande de porc en charcuterie et le lait en fromages. Toute leur production a le label bio.

La ferme apicole Les Abeilles de Mireille

Apicultrice passionnée depuis près de trente ans, Mireille a installé ses 50 *ruches* dans la région en 2011. Elle produit du miel de lavande, d'acacia et de châtaigner certifié Agriculture Biologique.

Les expressions paysannes et potagères

11. Écoutez les dialogues et imaginez la fin à l'aide des étiquettes.

🎧 12

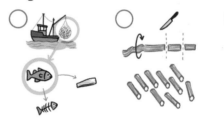

Avoir un pois chiche dans la tête *chickpeas*	Ne pas avoir un radis *radish*
Mettre la charrue avant les bœufs *cart*	Être un gros légume
Raconter des salades	Avoir un cœur d'artichaut *butterfly*

a. Tes parents, ils _____

b. Mais il _____

c. C'est _____

d. Tu as vraiment _____

e. Il _____

f. Je _____

La production agroalimentaire

12. Écoutez les explications d'un industriel sur les différentes étapes de la fabrication du surimi et associez-les avec les images.

🎧 13

Exprimer l'opposition et la concession

13. Cinq personnes déjeunent ensemble dans un restaurant italien. À l'aide des notes, retrouvez le régime alimentaire de chaque personne ainsi que le plat commandé. Reportez dans la grille les informations en notant O pour une affirmation et X pour une négation puis reportez vos conclusions dans le tableau de synthèse.

Notes :

a. C'est un homme qui est allergique au lactose alors que la personne allergique à l'œuf est une femme.

b. La salade Otto et la pizza Rita sont les seuls plats qui contiennent de la viande. Par contre, ils sont sans œufs, au contraire de la salade Capri et de la pizza Nino.

c. Même si Maria n'est ni végétarienne ni vegan, elle a choisi un plat sans viande.

d. Bien qu'il ne soit pas intolérant au lactose, Richard n'a choisi ni la salade Capri ni la pizza Rita qui contiennent tous les deux des produits laitiers.

e. Quoique le restaurant se dise *veggie-friendly*, la soupe est le seul plat sans aucun produit animal.

f. Alice est allergique à l'œuf. Elle n'a pourtant pas choisi la salade Otto qui n'en contient pas.

g. Richard adore la soupe. Bizarrement, il a choisi une pizza.

	Régimes alimentaires					Plats commandés				
	Végétarien	Allergie œufs	Vegan	Allergie lactose	Sans restrictions	Salade Capri	Salade Otto	Pizza Nino	Pizza Rita	Soupe Diva
Clients Marc										
Richard										
Alice										
Maria										
Anne-Lise										
Plats commandés Salade Capri										
Salade Otto										
Pizza Nino										
Pizza Rita										
Soupe Diva										

Tableau de synthèse :

	Régimes alimentaires	Plats commandés
Marc		
Richard		
Alice		
Maria		
Anne-Lise		

14. Reformulez les notes de l'activité précédente en remplaçant les connecteurs d'opposition et de concession par un connecteur équivalent. Faites les transformations nécessaires.

a. *C'est un homme qui est allergique au lactose tandis que la personne allergique à l'œuf est une femme.*

b. ....

c. ....

d. ....

e. ....

f. ....

g. ....

15. Imaginez la suite des phrases.

a. Son frigo était vide. Cependant, ...

b. Bien qu'il soit végétarien, ...

c. Même si on dit que la cuisine française est fantastique, ...

d. C'est la saison des fraises. Bizarrement, ...

e. Alors qu'il consommait seulement des produits bios, ...

f. Mes collègues sont allés dans ce restaurant malgré ...

g. Il a beau acheter local, ...

h. Ses parents ont un élevage de vaches laitières. Il n'empêche que ...

i. Quoique tu saches bien cuisiner d'habitude, ...

j. Je n'avais pas mangé de viande depuis des années. Or, ...

Les structures impersonnelles

16. À l'aide de l'illustration suivante, proposez des conseils pour une alimentation équilibrée. Attention, vous ne pouvez utiliser qu'une seule fois le verbe *manger* !

a. Il est préférable de *manger des legumes*

b. Il vaut mieux que *nous déjeunes au resto local dans un*

c. Il est recommandé de *acheter bio*

d. Il faut faire attention à *au pays d'origine*

e. Il serait raisonnable que *nous soyons végétarien*

f. Il convient de *acheter en vrac*

g. Il faut absolument qu' *on arrete de bouffer*

h. Il serait profitable de *cepel de consommer de la viande*

i. Il est indispensable que *on* ....

j. Il est nécessaire que ....

17. Écoutez ce micro-trottoir et répondez aux questions.

🎧 14

a. Sur quel thème les personnes ont-elles été interrogées ?

☐ Les dates de péremption des aliments.

☐ Les courses alimentaires.

☐ Le gaspillage alimentaire.

des aliments transformés

b. Donnez trois conseils à ces personnes en variant les formulations.

....

....

c. Cherchez sur Internet les recommandations de l'ADEME à ce sujet et comparez-les aux vôtres.

achète du lait bio

on change ses habitudes

Le pronom *ça*

18. Écoutez le dialogue et répondez aux questions.

15

a. Qu'est-ce qui changera les idées à Hubert ?

b. Qu'est-ce que Hubert ne considère pas comme de la cuisine ?

c. Selon Marianne, qu'est-ce qui n'a aucun sens ?

d. Qu'est-ce qui n'existe pas depuis très longtemps ?

e. Réécoutez le dialogue et relevez les expressions avec *ça* qui ont la signification suivante :

- Tu vas bien ?
- Tu aimerais... ?
- Qu'est-ce que tu veux dire ?
- C'est nul !
- C'est incroyable !
- C'est une heureuse coïncidence.
- D'accord !

Lire et commenter des chiffres

19. Classez les mots dans le tableau.

| la baisse | de plus en plus | un tiers | un quart |

| de moins en moins | la hausse | chuter |

| augmenter | la moitié | une diminution |

| un pourcentage | atteindre | un taux |

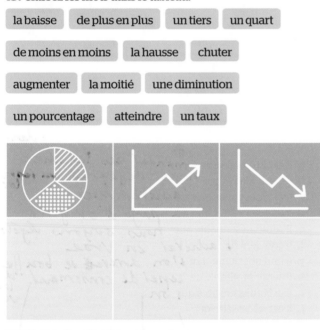

20. Mettez dans l'ordre croissant.

| moins des deux tiers | presque la moitié | un tiers |

| un sur cinq | 50 % | plus de trois quarts |

21. Observez les graphiques puis lisez les titres. À votre avis, à quel graphique correspondent-ils ?

a. Comparaison du degré de transformation des aliments en France et en Belgique : graphique n° ....

b. Origines du gaspillage alimentaire en Suisse : graphique n° ....

c. Évolution de la sous-alimentation dans le monde : graphique n° ....

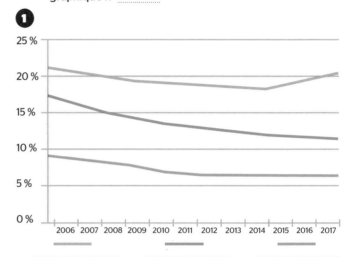

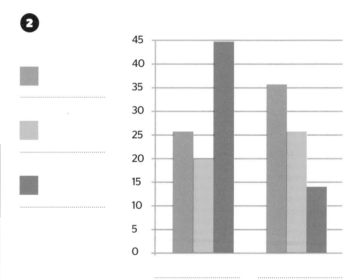

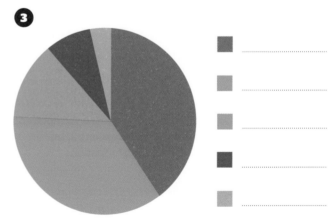

22. Écoutez les commentaires et vérifiez vos réponses de l'activité précédente.

16

23. Réécoutez les commentaires et complétez la légende des graphiques de l'activité 21.

16

PROSODIE - Les groupes rythmiques

24. Écoutez cette partie du journal et mettez une barre (/) à la fin de chaque groupe rythmique.
🎧 17

– Bonjour Emmanuel Moreau !

– Bonjour Mathilde !

– Un petit village marocain est passé de la précarité à l'autonomie alimentaire. Comment ? Grâce à la technique de la permaculture.

– Et oui, en seulement 2 ans, Mathilde, le petit village de Brachoua est devenu célèbre pour avoir mené, avec succès, une transition écologique et sociale. Situé dans les montagnes, à 50 km au sud-est de Rabat, Brachoua a longtemps été considéré, Mathilde, comme un village sinistré, sans eau courante ni électricité. La précarité de ses 60 familles était aggravée par le manque d'activités économiques qui poussait les hommes à aller travailler à la capitale. Mais en 2013, ses habitants décident de réagir. Ils se regroupent au sein de l'association Agriculteur Moderne, et se mettent à chercher des solutions pour dynamiser leur village et y assurer l'autonomie alimentaire.

PROSODIE - Les syllabes allongées

25. Réécoutez l'enregistrement de l'activité précédente et soulignez les syllabes allongées.
🎧 17

26. Complétez l'encadré.

> ⊕ **L'accent**
>
> En français, on ne prononce pas des mots séparés, mais des .... qui sont des groupes de mots qui se prononcent ensemble, comme si c'était un seul mot. La .... de ces groupes rythmiques est plus longue que les autres. C'est la syllabe accentuée. Le français n'a pas un accent de mot, mais un accent de ....

27. Lisez à voix haute les phrases suivantes en faisant attention à bien prononcer les accents allongés et les groupes rythmiques.

a. Le figuier de Barbarie, très répandu en Méditerranée, a ranimé la commune de Sidi Fredj.

b. Elles veulent se constituer en coopérative pour bénéficier d'aides gouvernementales et pérenniser les emplois d'une trentaine de saisonnières.

c. Ces initiatives locales nous montrent que parfois des solutions résident dans les problèmes.

d. Grâce à ses racines profondes, l'acacia moringa puise l'eau à 60 mètres sous terre.

e. Même si l'Afrique utilise moins de pesticides qu'ailleurs dans le monde, ces faibles quantités présentent des risques très élevés pour la santé et l'environnement.

28. Écoutez les phrases de l'activité précédente et vérifiez si la prononciation correspond à la vôtre.
🎧 18

PHONÉTIQUE - Les sons [ɑ̃], [ɛ̃] et [ɔ̃]

29. Écoutez les phrases et cochez si vous entendez le son [ɑ̃] ou le son [ɛ̃].
🎧 19

	J'entends [ɑ̃]	J'entends [ɛ̃]
a.		
b.		
c.		
d.		
e.		
f.		
g.		

30. Écoutez les phrases et cochez si vous entendez le son [ɑ̃] ou le son [ɔ̃].
🎧 20

	J'entends [ɑ̃]	J'entends [ɔ̃]
a.		
b.		
c.		
d.		
e.		
f.		
g.		

31. Écoutez et soulignez lorsque vous entendez une voyelle nasale [ɑ̃], [ɛ̃] ou [ɔ̃].
🎧 21

Le concept de « kilomètre-alimentaire » est apparu au début des années 1990 au Royaume-Uni en raison de la globalisation commerciale dont certaines conséquences dépassent aujourd'hui l'entendement. Même si cela semble démentiel, la distance moyenne parcourue par un produit alimentaire entre son lieu de production et l'assiette du consommateur est de plus de 2 000 km ! sommes-nous devenus fous ? plusieurs exemples tendent à prouver que le monde marche sur la tête...

Cultivée et récoltée en Afrique, transformée en Amérique et consommée en Europe, la noix de cajou est devenue un symbole de la mondialisation alimentaire. Depuis 2010, avec 50 % d'augmentation de la demande, ce fruit sec fait un parcours stupéfiant de plus de 10 000 km : de la Côte d'Ivoire (premier producteur mondial) en passant par le Brésil (en usines de nettoyage et d'épluchage), avant d'arriver en France où il est salé, grillé, emballé et vendu pour environ 15 euros le kilo.

En 2014, la France découvre le voyage ubuesque des coquilles Saint-Jacques des Côtes d'Armor, en Bretagne. Élevées en France, elles sont ensuite envoyées en Chine pour y être nettoyées avant de revenir en Bretagne pour être cuisinées. L'explication ? « Ça semble bizarre, mais c'est une question de coût. On est sur des différences de salaires qui vont de 1 à 100 », selon un responsable de l'usine bretonne. Il reconnaît néanmoins « c'est un peu choquant, je préférerais que ça se fasse ici ».

32. Complétez l'encadré.

> ➕ **Les sons [ɑ̃], [ɛ̃] et [ɔ̃]**
>
> Le son [ɑ̃] s'écrit : ...., ... ou ....
>
> Le son [ɛ̃] s'écrit : ...., ..., ... ou ....
>
> Le son [ɔ̃] s'écrit : .... ou ....

33. Répétez les phrases.

a. J'aime le vin quand il y a du vent.

b. Un grand grain marron.

c. On ponce et on pince en pensant.

d. Il est lent ce marin marrant.

e. Un bon vin blanc c'est charmant.

Autoévaluation

Mes compétences à la fin de l'unité 2

Je suis capable de...	J'ai encore des difficultés à...	Je ne suis pas encore capable de...	
			parler d'agriculture
			établir des liens entre plusieurs textes
			m'indigner, juger
			donner des solutions à des problèmes
			dénoncer une situation illogique
			exprimer un paradoxe
			parler des produits régionaux et des labels

Mon bagage sur cette unité

1. Qu'est-ce que vous avez appris sur la culture française et francophone ?

....
....
....
....

2. Qu'est-ce qui vous a le plus intéressé et / ou étonné ?

....
....
....
....

3. Qu'est-ce qui est différent par rapport à votre culture ? Et qu'est-ce qui est similaire ?

....
....
....
....

4. Vous aimeriez en savoir plus sur...

....
....
....
....

De la tête aux pieds

03

L'importance du physique

1. Lisez le texte. Dans quel ordre sont évoqués les thèmes suivants ?

- ◯ Les discriminations selon l'apparence physique.
- ◯ La responsabilité des médias.
- ◯ La dimension pathologique du complexe physique.
- ◯ Les caractéristiques et conséquences des canons de beauté actuels.
- ◯ L'importance de l'apparence physique dans notre société.

Les diktats de la beauté

Notre société est obsédée par l'apparence physique et le business de l'esthétique ne connaît pas la crise. L'industrie cosmétique et la chirurgie esthétique multiplient les moyens d'embellissement dont les individus usent et abusent. Mais ce souci de la beauté n'est pas aussi superficiel qu'il n'y paraît.

Il est établi que la plastique des individus a des conséquences considérables dans leur vie sociale, et pas seulement dans le domaine amoureux. Les sociologues ont démontré que l'on accorde plus facilement sa sympathie aux « beaux » tandis que les « moches » ont tendance à être mis à l'écart. Dès l'école, la laideur est à l'origine de harcèlement et d'une dépréciation inconsciente des résultats scolaires par les professeurs. Dans la vie professionnelle aussi, mieux vaut ne pas avoir un physique disgracieux que ce soit pour réussir un entretien d'embauche, négocier son salaire, ou encore accéder à des postes de responsabilités. La recherche de la beauté, loin d'être une futilité, apparaît dès lors comme un mécanisme de survie sociale.

Or, les canons de beauté sont de plus en plus inatteignables. Notre environnement médiatique normalise un standard de beauté irréaliste et uniformisé, incarné par des mannequins filiformes, tout juste pubères, et dont le moindre « défaut » est gommé à la tablette graphique. Malgré l'apparition récente sur les podiums et dans les médias de quelques beautés singulières, l'absence globale de modèles reflétant la variété des physionomies, des silhouettes et des âges rend difficile l'acceptation de soi et favorise l'auto-dévalorisation. Et cela d'autant plus lorsqu'on est issu des minorités visibles, qui restent très peu représentées. Rien d'étonnant dans ces conditions à ce que hommes et femmes développent des complexes physiques et ce, dès leur plus jeune âge : une étude québécoise a ainsi révélé qu'un tiers des petites filles de 9 ans avaient déjà essayé de perdre du poids !

Parfois, le complexe physique prend des proportions pathologiques. On parle alors de dysmorphophobie. Ce trouble psychologique, qui présente de nombreux points communs avec l'anorexie, touche entre 1 à 2 % de la population. Les personnes concernées se focalisent de manière obsessionnelle sur un défaut de leur apparence physique. Les conséquences sont - entre autres - une grande souffrance psychique, un isolement social destructeur mais aussi un recours excessif et compulsif à la chirurgie plastique ou à des méthodes parfois dangereuses - auto-chirurgie par exemple ! - pour modifier leur apparence.

Si l'on ne peut pas désigner notre environnement médiatique comme unique responsable de ce type d'affection, on sait que les normes sociétales jouent un rôle dans leur développement. Il serait grand temps que les professionnels des secteurs concernés s'entendent pour que les couvertures de magazines ne soient plus le miroir déformant d'une société mal dans ses baskets.

2. Relevez tous les mots du texte qui appartiennent au champ lexical de l'apparence physique et complétez le tableau.

Sens positif	Sens négatif	Sens neutre

3. Écoutez le dialogue, puis répondez aux questions.

🎧 22

a. Qu'est-ce qui a changé dans l'apparence de Céline depuis la dernière fois qu'elle a vu son amie ?

b. Céline est-elle satisfaite de ce changement ? Pourquoi ?

c. Que pense son amie de ce changement ?

d. Qu'est-ce qui a influencé ce changement d'apparence ?

e. Quelle différence établissent les collègues de Céline entre les hommes et les femmes ?

f. Quel point commun avaient Céline et son amie quand elles étaient enfants ?

g. Qu'espère l'amie de Céline pour le futur ?

La forme passive

4. Reformulez les phrases suivantes en utilisant la forme passive *être* + participe passé.

a. Cette mannequin s'est fait remarquer pour son physique atypique.

....

b. Je me suis laissé séduire par le physique de cet homme mais je l'ai regretté dès qu'il a ouvert la bouche.

....

c. Les gens se laissent trop influencer par les couvertures de magazine.

....

d. De nombreuses femmes se font maquiller et coiffer par un professionnel le jour de leur mariage.

....

e. À partir du jour où elle s'est laissé coiffer au naturel, elle n'a plus jamais lissé ses magnifiques cheveux crépus.

....

5. Transformez les phrases suivantes à la voix passive en utilisant la forme pronominale des verbes.

a. On applique cette teinture sur cheveux secs pendant 30 minutes.
Cette teinture s'applique sur cheveux secs pendant 30 minutes.

b. On applique ce soin dépigmentant sur la peau afin de l'éclaircir.

....

c. On fixe ces extensions à la base du cheveu à l'aide d'un clip.

....

d. On applique cette crème amincissante matin et soir sur les parties du corps qu'on souhaite raffermir.

....

e. On place cette prothèse dans le muscle afin d'obtenir un fessier plus rebondi.

....

f. On injecte de l'acide hyaluronique directement sous la peau pour atténuer les rides du visage.

....

g. On doit effectuer ce régime hyperprotéiné pendant 10 jours.

....

h. On ne peut pas détecter ces perruques, très naturelles et parfaitement adaptées aux différentes morphologies.

....

Décrire le physique

6. Associez les noms de parties du corps aux adjectifs qui les caractérisent (plusieurs réponses sont parfois possibles). Faites les accords nécessaires.

mate · interminable · afro · clair · charnu · crépu · rebondi · pulpeux · généreux · frisé · plat · noir ébène · lisse

Les formes	
La poitrine	
Le fessier	
Les jambes	
Les lèvres	
Les cheveux	
Le teint	

7. Remplacez les adjectifs par des constructions nominales équivalentes.

a. Une femme pulpeuse.
Une femme aux formes pulpeuses.

b. Une femme noire.

....

c. Une personne forte.

....

d. Un vieillard pâle.

....

e. Un homme grand.

....

f. Un enfant blond.

....

g. Un athlète musclé.

....

h. Une fillette cernée.

....

8. Écoutez cet extrait d'une émission sur les idéaux de beauté et associez les témoignages aux images. Attention, il y a deux images de trop !

🎧 23

a. *Paulette*

b.

c.

d. *Marion*

e. *Stéphane*

f. *Vanessa*

9. Comme dans l'émission de l'activité précédente, décrivez votre idéal de beauté.

10. Écoutez les phrases. De quelle partie du corps parlent-elles ? Complétez le tableau.

🎧 24

	Sens positif	**Sens négatif**
Les jambes		
Le ventre		
Le visage		
Les mains		
Les pieds		

La transidentité

11. Écoutez la chronique et répondez aux questions.

🎧 25

a. Quelle est la différence entre *sexe* et *genre* ?

b. Qu'est-ce qui caractérise une femme transgenre ?

c. Qu'est-ce qu'une personne *cisgenre* ?

d. Qu'est-ce qui a motivé la formation du mot *cisgenre* ?

e. À quelle période le mot est-il apparu ?

f. Quel autre mot a été créé avec la même intention ?

g. Qu'est-ce qui étonne la journaliste concernant les dictionnaires *Larousse* et *Robert* ?

Le futur antérieur

12. Lisez le texte et mettez les événements dans l'ordre sur la frise chronologique.

≡ RETOUR VERS LE FUTUR ? ⚛

On comprendra le véritable danger de l'énergie nucléaire (a) quand il y aura eu un accident bien plus grave que ceux qu'on a déjà connus (b). Comme l'explosion aura décimé la moitié de la population mondiale (c), il faudra penser à repeupler la Terre (d). On pratiquera donc la fécondation in vitro à grande échelle (e) dès qu'on aura construit des usines à bébés (f). Les enfants qui auront été conçus de cette manière (g) n'auront pas le même statut que les autres (h). Finalement, on acceptera qu'ils soient utilisés dans des expérimentations transhumanistes (i) après qu'une loi permissive aura été votée (j). Le vote de cette loi devra son existence à un parlement international qui aura été créé juste avant l'accident nucléaire (k) mais dont la plupart des membres seront devenus fous à cause du terrible bilan de la catastrophe (l)...

q

13. Imaginez la fin du texte de l'activité précédente.

14. Complétez les phrases pour évoquer :
- un événement simultané ou postérieur au premier.
- un événement antérieur au premier.

a. La transphobie disparaîtra quand...
— *On pourra modifier ses caractéristiques physiologiques comme on change de vêtements.*
— *Nous aurons compris que l'identité de genre est une affaire personnelle.*

b. Les hommes pourront se consacrer entièrement à leur bien-être après que...

c. On pourra choisir les caractéristiques de son bébé dès que...

d. Les êtres humains ne connaîtront plus de limites à partir du moment où...

....

....

e. Les maladies n'existeront plus lorsque...

....

....

Les limites et le potentiel du corps

15. Lisez ces titres de journaux et en petits groupes, décidez s'ils parlent de réparer l'homme (R) ou d'augmenter son potentiel (A). Les deux réponses sont parfois possibles.

a. Une peau électronique pour retrouver les sensations tactiles. ....

b. Compenser la perte d'un membre grâce aux imprimantes 3D. ....

c. Des injections oculaires permettent la vision nocturne.
....

d. Retrouver la vue grâce à l'œil bionique. ....

e. Un homme amputé du bras droit fabrique seul sa prothèse à l'aide d'une imprimante 3D. ....

f. Toutes les fonctionnalités de votre appareil photo numérique dans un œil bionique. ....

g. Développement du premier organisme vivant synthétique : un espoir pour les patients en attente de greffe.

....

h. Les ciseaux moléculaires permettent la modification du patrimoine génétique. ....

i. Un implant cérébral permet à un tétraplégique de contrôler un exosquelette par la pensée. ....

j. Des tatouages électroniques pour contrôler vos appareils mobiles. ....

k. Le port de charges lourdes facilité par le dermosquelette.

....

l. L'insuline intelligente : les nanotechnologies au service des diabétiques. ....

Les temps du passé

16. Écoutez et identifiez la voix et les temps utilisés.

🎧 26

		A	B	C	D	E	F	G	H
Voix	Active	X							
	Passive								
Temps	Présent								
	Imparfait	X							
	Passé composé								
	Plus-que-parfait								

17. Lisez cet extrait d'un cours d'histoire du siècle prochain et soulignez les formes correctes.

LE SPORT EN 2020

En 2020, le dopage **était** / **avait été** interdit et les sportifs **utilisaient** / **avaient utilisé** seulement leur corps physique qui **ne pouvait pas** / **n'avait pas pu** être augmenté. D'ailleurs, le corps astral **n'était pas** / **n'avait pas été** découvert et les personnes qui **expérimentaient** / **avaient expérimenté** le voyage astral **étaient** / **avaient été** considérées comme des mystiques ou des fous.

À cette époque, on **ne développait pas** / **n'avait pas développé** les réacteurs dorsaux donc la plupart des sports **s'exerçaient** / **s'étaient exercés** au sol. Le quidditch **était** / **avait été** imaginé mais **c'était** / **ça avait été** un sport de fiction où on **utilisait** / **avait utilisé** des balais pour se déplacer dans les airs !

Le sport **était** / **avait été** très populaire et beaucoup de personnes **se déplaçaient** / **s'étaient déplacées** physiquement pour assister aux compétitions. Pourtant, les spectateurs **n'avaient pas** / **n'avaient pas eu** le droit d'y participer. Des « arbitres » **jugeaient** / **avaient jugé** la gravité des fautes qui **étaient** / **avaient été** commises et **décidaient** / **avaient décidé** des sanctions qu'elles **méritaient** / **avaient méritées**.

Et le plus surprenant : certains sportifs **se faisaient** / **s'étaient fait** payer pour jouer ! Le sportif le mieux payé **recevait** / **avait reçu** un salaire 8 000 fois supérieur à celui des nourrisseurs, des bâtisseurs ou des nettoyeurs !

18. Lisez et conjuguez les verbes au temps qui convient.

Je _____ (être) victime d'un accident à l'âge de 14 ans. Quand je m'est _____ (se réveiller) à l'hôpital, je _____ (se rendre compte) que je _____ (être amputé) de la jambe gauche pendant mon coma. Je _____ (mettre) du temps à accepter la réalité. Le plus dur, ce _____ (être) de penser au basket. Ce sport me _____ (toujours passionner) même si je _____ (ne jamais être) un joueur exceptionnel. Je _____ (penser) devoir faire une croix dessus. Puis, une fois rentré à la maison, je _____ (recevoir) ma prothèse et je _____ (partir) en revalidation pour pouvoir réapprendre à marcher. Je _____ (reprendre) petit à petit une vie normale même si ce _____ (être) difficile de m'habituer à la prothèse. Elle me _____ (faire) mal. Et puis, je _____ (commencer) à jouer au basket dans un club handisport. Ca me _____ (aider) vraiment à me reconstruire et à aller de l'avant. Je _____ (découvrir) des sports que je _____ (ne jamais tester) avant l'accident, comme le saut en parachute ou le hockey sur luge. Et puis avec le basket, je _____ (passer) en 1ʳᵉ division handisport. Maintenant, je _____ (être) hyper fier de moi et du chemin parcouru.

Les expressions idiomatiques avec le corps

19. Lisez et complétez les dialogues à l'aide des étiquettes.

avoir repris du poil de la bête	s'en laver les mains
mettre les pieds dans le plat	avoir les dents longues

ne pas arriver à la cheville de quelqu'un

se faire des cheveux blancs

a.
— Comment va votre époux ?
— _____ mais il est toujours hospitalisé.
— Oh... Ça a dû être dur pour vous cet accident.
— Oh oui ! _____ . Mais ça va mieux maintenant.

b.
— Je ne peux pas supporter Étienne. _____
— C'est clair. Il paraît qu'il veut obtenir le poste de M. Robert
— Non ?! _____ .

c.
— Elle est vraiment inconséquente, Justine. Hier, _____ quand elle a demandé à Marie comment allait son mari. Comme si elle ne savait pas qu'ils étaient divorcés !
— Oh mais ce n'est pas grave ! _____ Marie, elle est folle amoureuse d'un autre homme !

Rédiger une introduction et une conclusion

20. Remettez dans l'ordre les différentes parties de cette introduction d'un texte sur la laideur.

a. Il est communément admis que la beauté avantage ceux et celles qui ont la chance d'en être pourvu : la beauté fait la une des magazines, la laideur rarement.

b. Nous évoquerons les difficultés que peuvent rencontrer les personnes considérées comme « laides » dans leur vie sociale, ainsi que les difficultés psychologiques que la laideur peut engendrer. Enfin, nous nous demanderons si la laideur ne peut pas devenir un atout.

c. Nous sommes chaque jour confrontés au regard des autres et notre apparence physique conditionne l'image que les autres ont de nous.

d. Mais peut-on affirmer à l'inverse que la laideur constitue un handicap ?

Introduction				

21. Lisez la conclusion du texte de l'activité précédente. À vous d'en écrire la dernière partie.

Tel un handicap physique ou mental, la laideur engendre des difficultés dans la vie quotidienne, amoureuse et professionnelle des individus. Elle contribue également à affaiblir l'estime de soi et à développer un sentiment d'injustice qui peut être destructeur. Enfin, si certaines personnes réussissent à faire de leur laideur une force, cela implique un combat éprouvant dont les « beaux » sont dispensés d'office. La laideur constitue donc bel et bien un handicap.

PROSODIE - Les groupes rythmiques

22. Pour exprimer ses goûts en deux groupes rythmiques, complétez avec le nombre de groupes rythmiques indiqués et les syllabes indiquées. Trouvez le plus d'exemples possibles. Vous pouvez écrire les phrases, mais surtout prononcez-les pour bien sentir le rythme.

Taaaa / Ta taaaa
- *J'aime le thé.*
- *J'aime le vin.*

J'aime _____.

J'aime _____.

Taaaa / Ta ta taaaa
- *J'aime le café.*
- *J'aime le bon vin.*

J'aime _____.

J'aime _____.

Taaaa / ta ta ta taaaa
- *J'aime le chocolat.*
- *J'aime les fruits bien mûrs.*

J'aime _____.

J'aime _____.

Taaaa / ta ta ta ta taaaa
- *J'aime le café très chaud.*
- *J'aime le chocolat froid.*

J'aime _____.

J'aime _____.

⊕ Les syllabes des groupes rythmiques

Les groupes rythmiques peuvent avoir entre 1 et 6 syllabes.
La majorité des groupes rythmiques ont entre 2 et 4 syllabes.

---

23. Pour faire des propositions à quelqu'un en deux groupes rythmiques, complétez avec le nombre de groupes rythmiques indiqués et les syllabes indiquées. Trouvez le plus d'exemples possibles. Vous pouvez écrire les phrases, mais surtout prononcez-les pour bien sentir le rythme.

Ta ta taaaa / Ta taaa
- *Si tu veux, vas y.*
- *Si tu veux, viens là.*

Si tu veux _____.

Si tu veux _____.

Ta ta taaaa / ta ta taaaa
- *Si tu veux, fais comme ça.*
- *Si tu veux, mets du sel*

Si tu veux _____.

Si tu veux _____.

Ta ta taaaa / ta ta ta taaaa
- *Si tu veux, prends-la comme ça.*
- *Si tu veux, fais plus de sport.*

Si tu veux _____.

Si tu veux _____.

24. Complétez les phrases avec des groupes rythmiques qui contiennent le nombre de syllabes indiquées dans la parenthèse. Vous pouvez écrire les phrases, mais surtout prononcez-les pour bien sentir le rythme.

a. La semaine prochaine _____ (3)

_____ (4)

b. Les journaux de mode _____ (2)

_____ (4)

c. Les femmes _____ (3)

_____ (3)

d. Je suis allée _____ (4)

_____ (4)

e. Mon film préféré _____ (2)

_____ (3)

f. Le maquillage _____ (3)

_____ (3)

g. La mode masculine _____ (4)

_____ (2)

h. Pendant mes vacances _____ (3)

_____ (5)

PHONÉTIQUE - Discriminer l'imparfait et le passé composé

25. Écoutez et cochez si vous entendez l'imparfait ou le passé composé.
🎧 27

	Imparfait	Passé composé
a.		
b.		
c.		
d.		
e.		
f.		
g.		

⊕ Différence entre le participe passé et l'imparfait

Certains francophones font la différence entre la terminaison du participe passé et de l'imparfait et ils prononcent un [e] fermé pour le participe passé et un [ɛ] ouvert pour l'imparfait. C'est une question régionale.

PHONÉTIQUE - Discriminer le singulier et le pluriel

26. Écoutez et cochez si les phrases se réfèrent à un objet / une personne ou à plusieurs.
🎧 28

	Singulier	Pluriel
a.		
b.		
c.		
d.		
e.		
f.		
g.		

PHONÉTIQUE - Discriminer le présent et le passé

27. Écoutez et cochez si les phrases sont au présent ou au passé.

29

	Présent	Passé
a.		
b.		
c.		
d.		
e.		
f.		
g.		

28. Répétez les phrases suivantes.

a. Je dis que tu l'as dit à Didi ce que j'ai dit jeudi.
b. Ce que je dis, je le fais !
c. Je les prends ce samedi.
d. Ce ver vert sévère sait verser ses verres verts.

> ⊕ **Différence entre [e] et [ə]**
>
> La différence entre [e] et [ə] nous permet de distinguer entre le singulier et le pluriel et aussi entre le présent et le passé de certains verbes.

Autoévaluation

Mes compétences à la fin de l'unité 3

Je suis capable de...	J'ai encore des difficultés à...	Je ne suis pas encore capable de...	
			décrire quelqu'un physiquement
			échanger sur les canons de beauté et leur évolution
			débattre sur l'importance du physique
			parler du corps et de l'image qu'on en a
			parler de la transidentité
			débattre des limites et du potentiel du corps humain

Mon bagage sur cette unité

1. Qu'est-ce que vous avez appris sur la culture française et francophone ?

....
....
....
....

2. Qu'est-ce qui vous a le plus intéressé et / ou étonné ?

....
....
....
....

3. Qu'est-ce qui est différent par rapport à votre culture ? Et qu'est-ce qui est similaire ?

....
....
....

4. Vous aimeriez en savoir plus sur...

....
....
....

D'amour
ou d'amitié

04

Les expressions de l'amour

1. À votre avis, dans une histoire d'amour, dans quel ordre se passent les actions suivantes ?

- ◯ Se rendre compte qu'on a trouvé l'âme sœur.
- ◯ Avoir des papillons dans le ventre.
- ◯ Demander la main.
- ◯ Avoir un coup de foudre.
- ◯ Se passer la bague au doigt.
- ◯ Déclarer sa flamme.

2. Regardez l'album de Violaine et Basile et imaginez l'histoire de ces deux amoureux en utilisant les expressions de l'exercice précédent.

....
....
....
....
....
....
....
....
....
....
....

3. Ces personnes racontent leurs pires souvenirs amoureux. Imaginez la fin de leurs récits.

SOLÈNE

> Au début de notre relation, je n'avais d'yeux que pour lui. Les premiers mois, c'était génial. Il a très vite fait fondre mon cœur d'artichaut et il avait toute ma confiance. Au bout de six mois...

DAPHNÉ

> Ce mec, il m'a tout de suite fait craquer. À chaque fois que je le voyais, mon cœur battait la chamade. Un jour, j'ai pris mon courage à deux mains et je l'ai invité au restaurant. Je me suis pris un râteau...

MERLIN

> C'était ma blonde ! Je l'aimais de ouf. Je prévoyais de la demander en mariage jusqu'à ce que je me rende compte qu'elle avait une double vie. Rien que d'y penser, je suis écœuré. Elle...

Les doubles pronoms

4. Reformulez les phrases en utilisant les doubles pronoms qui conviennent.

✓ *le lui*
  a. Luca demandé à Valentina si elle voulait bien l'épouser.
....

lui en
✓ **b.** À chaque visite, Il offre des fleurs à sa grand-mère.
....

leur en
✓ **c.** Je parlerai de mes doutes à mes amis.
....

les y lui
  d. Marcus, rends ces jouets à ton frère !
....

✓ *le*
  e. Tu me présentes ce garçon génial que tu as rencontré ?
....

5. Lisez et complétez les réponses de ce test avec des doubles pronoms.

Quel/le ami/e êtes-vous ?

A. Vous prêteriez votre voiture à un ami pour un week-end ?
  a. oui, *lui*
  je ~~pt at~~ *la prêterai*
  b. non, ...

B. Vous raconteriez tous vos problèmes à votre ami ?
  a. oui, *je les y raconterai*
  b. non, ...

C. Vous feriez profiter vos amis de tous vos bons plans ?
  a. oui, *je les en ferai profiter*
  b. non, ...

D. Vous répéteriez le secret d'un ami à un autre ami ?
  a. oui, *je le lui répét.*
  b. non, ...

E. Vous donneriez des conseils à un ami qui ne vous en donne jamais?
  a. oui, *je lui en*
  b. non, ...

6. Lisez cette annonce et entourez les bonnes réponses.

VOUS ÊTES PRÊT/E À DIRE JE T'AIME À UN ANIMAL
ET À PROUVER VOTRE AMOUR ?

—— OUI ! Je suis prêt/e à lui en dire et lui en prouver.

—— OUI ! Je suis prêt/e à le lui dire et le lui prouver.

VOUS ÊTES PRÊT/E À DONNER DU TEMPS À UN ANIMAL ?

—— OUI ! Je suis prêt/e à lui en donner.

—— OUI ! Je suis prêt/e à le lui donner.

VOUS ÊTES PRÊT/E À EMMENER VOTRE
ANIMAL EN VACANCES AVEC VOUS ?

—— OUI ! Je suis prêt/e à lui y emmener.

—— OUI ! Je suis prêt/e à l'y emmener.

ALORS FAITES PLUS QUE
« LIKER » LES ANIMAUX !

—— Adoptez-les !

—— Adoptez-leur !

7. Lisez ces phrases et imaginez par quoi on pourrait remplacer les pronoms en gras.

a. Ils **les leur** avaient annoncées.
Ils avaient annoncé leurs fiançailles à leurs amis.

b. Alma les lui a livrés.

c. Libérez-**vous en** !

d. Il ne **lui en** a pas apportées.

e. Elle ne **nous les** a pas présentées.

f. Ils sont prêts à **se le** dire.

g. Elle **les y** a ramenées.

L'étonnement et la surprise

8. Complétez la grille en retrouvant dans le *Livre de l'élève* les synonymes du mot : *surpris*.

É	P					F	L	É
			O					
			U					A
	N		F					
	N		F					
			L		C			
			É		H	I		

Raconter des anecdotes

9. Choisissez l'une des expressions suivantes pour compléter ces témoignages.

en avoir plein la vue   être sous le choc

être agréablement surpris/e   sous les yeux ébahis

à couper le souffle

Anecdotes entre amoureux

http://www.forum-anecdotes.defi

Sacha

Mon chéri a beaucoup de qualités mais en général, il n'est pas très doué pour organiser les vacances en amoureux. Alors quand, pour Noël, il m'a annoncé qu'il nous avait réservé un week-end dans une yourte en Islande pour admirer les aurores boréales, j'_____ !

Gaétan

Ma femme Dounia et moi avons fêté nos noces de porcelaine en Provence. Nous avons adoré et _____ avec les magnifiques champs de lavande en fleurs.

Hector

J'_____ que ma bien-aimée ne veuille pas aller au restaurant pour la Saint-Valentin et encore plus qu'elle préfère rester à la maison pour regarder une série. Aurait-elle moins de sentiments envers moi ?

Imadettin et Julia

Pour notre lune de miel, nous avons décidé de faire un *road trip* en Amérique du Sud. Nous ne regrettons pas ce choix. Nous avons traversé des paysages _____, très différents de ceux que nous avions l'habitude de voir autour de chez nous.

Gina, la mère de la mariée

_____ des mariés, certains invités ont commencé à faire la chenille. Et comme si cela ne suffisait pas, au moment de la pièce montée, d'autres ont fait tourner leurs serviettes. Non franchement, je crois que ce n'est pas ce que les mariés souhaitaient…

10. À votre tour, dans le blog de l'activité précédente, racontez une anecdote surprenante sur vous ou sur quelqu'un que vous connaissez.

Le discours rapporté au passé

11. Lisez cet article au discours rapporté et reconstituez le dialogue au discours direct.

Amitié et succès

Leïla Bekhti et Géraldine Nakache sont deux actrices françaises qui se sont rencontrées pour la première fois sur le tournage du film Tout ce qui brille *et qui, depuis, ne se quittent plus et vivent une amitié très forte.*

À la première question du journaliste « Qu'est-ce-que vous aimez chez l'autre ? », Leïla a répondu que Géraldine était une personne loyale, honnête et très protectrice. Géraldine, quant à elle, a dit de son amie que celle-ci avait le cœur sur la main.

À la seconde question du journaliste « Comment vivez-vous les succès de votre amie ? », Leïla a répondu que Géraldine était toujours très encourageante et rassurante. Par exemple, elle a avoué qu'un jour, lors d'une première représentation de théâtre, Géraldine lui avait envoyé un cadeau.

À la dernière question du journaliste « Comment définissez-vous votre relation ? », Géraldine a tout de suite affirmé que Leïla et elle étaient comme les deux doigts de la main et pour toujours connectées. Elle a donné un exemple en disant qu'aujourd'hui Leïla était un peu malade et que demain à 8 heures, elle l'aurait déjà appelée pour s'assurer qu'elle avait bien pris ses médicaments. Leïla a clôturé l'interview en disant qu'elles étaient sœurs de cœur et que toute sa vie, elle suivrait Géraldine.

```
INTERVIEW

Journaliste : Qu'est-ce-que vous
aimez chez l'autre ?

Leïla : ........................................

Géraldine : ...................................
................................................
................................................
................................................
................................................
```

12. Écrivez ces citations de films ci-dessous au discours rapporté au passé.

> « Iris, si tu étais une mélodie, je ne jouerais que des bonnes notes » (Miles à Iris) - *The Holiday*

— *Miles a dit à Iris que ...* ....
....

> « Allons nous gaver d'amour jusqu'à en crever » (Sam à Daniel) *Love Actually*

....

> « Je pourrais mourir maintenant. Je suis juste… heureux. Je n'ai jamais ressenti avant. Je suis précisément là où je veux être. » – *Eternal sunshine of the spotless mind*

....

> « Je deviens fou, j'ai envie de me jeter du haut de chaque building de New York. Je vois un taxi et j'ai envie de me jeter sous ses roues parce que comme ça, j'arrêterai de penser à elle. » - *Hitch*

....

Le conditionnel passé

13. Lisez cette lettre et complétez les phrases en conjuguant avec les temps qui conviennent.

Cher Fabien,

Amour ou attachement ? On s'est souvent posé la question, n'est-ce-pas ? Je crois que j'ai la réponse…

Alors d'abord, pardon ! Pardon d'avoir trop souvent fait valoir mes plaisirs égoïstes. Si je _____ (ne pas faire passer) mes besoins avant les tiens, cela _____ (être) la première preuve de générosité et d'amour, n'est-ce-pas ?

Si je _____ (ne pas avoir besoin) de te voir sans cesse, cela _____ (montrer) que je pouvais m'épanouir seule sans ce besoin constant d'être rassurée par la présence d'autrui. Peut-être que si je _____ (apprendre) à être bien toute seule, nous _____ (pouvoir) être mieux ensemble.

Si nous _____ (se donner) des preuves d'amour même les jours où nous étions loin l'un de l'autre, on _____ (pouvoir) penser qu'on s'aimait vraiment.

Il faut se l'avouer, notre relation était basée sur une lutte de pouvoir. Nous étions tous deux menottés et nous voulions, toi comme moi, être la personne qui avait les clés.

Si nous _____ (ne pas vouloir) diriger et que nous _____ (partager) la direction de notre relation, alors celle-ci _____ (évoluer) plus sainement.

Si cette lettre d'aveu est difficile à lire pour toi, sache que cette vérité a été tout autant difficile à réaliser et à écrire pour moi.

Je tiens fort à toi et je ne t'oublierai jamais.

Je nous souhaite très sincèrement d'être heureux et de trouver l'amour véritable.

Paula

14. Imaginez votre vie si vous aviez été :

un chat	français/e

une personne célèbre	un/e prof de français

votre mère

15. Reliez le début et la fin de chaque phrase puis imaginez une autre hypothèse.

1. Je me serais senti moins seul.

2. J'aurais pu avoir plus d'amis.

3. J'aurais été plus proche de mon grand-père.

a. si je l'avais appelé plus souvent ou si ....

b. si j'avais eu un animal de compagnie ou si ....

c. si j'avais été moins exigeant ou si ....

16. Écoutez cette conversation téléphonique puis répondez aux questions suivantes.
30

a. Remettez dans l'ordre entendu les choses que Marjorie reproche à Nico.

b. Vrai ou Faux ? Marjorie veut améliorer sa relation avec Nico.

c. Imaginez la lettre que Marjorie pourrait écrire à Nico en utilisant des verbes au conditionnel présent et passé.

Parler des qualités et des défauts

17. Écoutez cet extrait d'émission de radio et complétez le tableau.
31

	Ce que l'auditeur aime chez son ami
Agnès	
Thomas	
Angélique	

18. Réécoutez l'extrait de l'activité précédente et écrivez à quel ami correspondent ces qualités.
31

bavard et complice	
affectueux et fidèle	
enthousiaste et jovial	

19. Trouvez les 5 qualités et les 5 défauts qui se cachent dans cette grille.

```
H X U B C U K O W O G C J Z O A
M A L P O L I W L B U W N U Y B
K C J A L O U X G S Y E T E S B
O V L B I N N H E T E E E N T R
S A A F P A P X J I C K T N U D
S E W Z Z G T I A N X O U I J N
R A S S U R A N T É A P B T E I
E D V L U O N F S E S V E N P I
A D D O I G U V M A U J I U J I
X P S Y H N A H H S Z K F V H O
S P F A X O H D P I Q A B Q A Q
E V D L Y N S Q B Z H X I L L O
A G R E S S I V E O J E O B A A
S O C I A B L E I I E E E X I X
B I E N V E I L L A N T L H E X
O Q V B V Y H M X Q L Q E S S I
```

20. Associez les expressions aux adjectifs qui correspondent.

a. Marcher sur les pieds de quelqu'un.

b. Être haut en couleur.

c. Être mal assorti/e.

d. Avoir le cœur sur la main.

e. Avoir le sens de l'humour.

1. Être généreux/se.

2. Être excentrique.

3. Être différent/e.

4. Être despotique.

5. Être amusant/e.

21. Classez ces expressions utiles au résumé dans les bonnes catégories.

dans ce texte, il est question de   l'auteur/e prouve

l'auteur/e fait référence à   l'auteur/e évoque l'idée

l'auteur/e met en exergue   l'auteur/e prouve

c'est la raison pour laquelle   paru dans

l'auteur/e affirme   écrit par   daté du

extrait de   dans ce texte, il s'agit de

ce texte est à propos de   issu de

dans cet article, on aborde la question de

relatif à   comme en témoigne

Introduire le thème	
Présenter le texte	
Articuler le résumé	
Présenter les idées de l'auteur/e	

22. Lisez le texte suivant et répondez aux questions.

a. Quel est le thème général de cet article ?

b. Quelles sont les idées principales et les idées secondaires ?

c. Quel est le point de vue de l'auteur sur le sujet ?

d. Rédigez le plan de l'article en résumant chaque paragraphe en une phrase.

e. Rédigez un résumé de cet article.

L'amour en un clic
Par Claire Lauriol

Si vous demandez à votre grand-mère comment elle a rencontré votre grand-père, elle vous dira peut-être qu'elle a eu le coup de foudre au bal du village. Votre mère vous dira que son cœur a chaviré pour votre père alors qu'ils étaient sur les bancs de l'université. Et vous, que répondrez-vous à vos enfants ? Peut-être ferez-vous partie des chanceux qui concrétisent et font durer une relation commencée grâce à Internet ?

Les sites de rencontres sont de plus en plus nombreux. En France, il en existerait environ 2 000. Vous avez donc l'embarras du choix. Selon vos envies, vous pourrez vous inscrire sur des sites qui se disent sérieux ou sur d'autres plus légers ou ludiques qui proposent explicitement des relations extra-conjugales ou des relations « sans prise de tête » - comprenez : des coups d'un soir .

Ce sont surtout les jeunes qui sont friands des sites de rencontres. Un quart des 18-25 ans a déjà fréquenté au moins un site de rencontres. Cela peut s'expliquer par le fait qu'ils soient plus à l'aise avec les nouvelles technologies que leurs aînés. Par ailleurs, on peut comprendre cet engouement, car le propre des jeunes de cette génération est qu'ils ont soif de découvertes et de nouvelles expériences.

Cependant, même si l'utilisation de ces sites est devenue normale, beaucoup ont encore du mal à assumer les rencontres qu'ils peuvent faire sur la toile. En effet, ce mode de rencontre est vécu comme un mode de rencontre par défaut. Dans le cas où l'une des rencontres se transformerait en relation sérieuse, une personne sur deux avoue qu'elle mentirait à son entourage sur la manière dont elle a rencontré son âme sœur afin que son histoire soit belle aux yeux des autres.

Si vous cherchez la perle rare, ne comptez pas trop sur ces sites ou bien vous serez déçus. Seulement 10 % des personnes qui se rencontrent sur Internet finissent par avoir une relation stable et durable ensemble.

Adeptes de jolies rencontres authentiques, ne cédez pas aux sirènes - ou aux tritons - 2.0 ! Lâchez vos écrans d'ordinateur et osez aller à la rencontre de l'Autre sur votre lieu de travail ou dans les soirées entre amis. Ce sera peut-être plus long avant de rencontrer LA bonne personne mais vous aurez certainement de meilleures surprises.

PROSODIE - Les groupes rythmiques

23. Écoutez les phrases suivantes et séparez les groupes rythmiques au moyen d'une barre (/). Écrivez à droite de chaque phrase le nombre de groupes rythmiques. 🎧 32

a. Le mariage est un événement important pour beaucoup de gens. ....

b. Le nombre de personnes qui enterrent leur vie de célibataire augmente en France. ....

c. Nous avons tous l'espoir de rencontrer l'amour de notre vie. ....

d. Ce soir, je vais regarder une comédie romantique à la télé. ....

e. Sophie va se marier à la fin du mois. ....

f. Depuis un très jeune âge, beaucoup de jeunes filles rêvent de leur prince charmant. ....

g. Philippe a déclaré son amour à Sandrine. ....

h. Au Québec, l'automariage est de plus en plus fréquent. ....

24. Répétez le rythme de chacune des phrases de l'activité précédente en utilisant « na na na ».

• *Na na naaaa/ na na na na naaaa/ na na naaaa/ na na na na naaaa.*

25. Trouvez d'autres phrases qui ont le même rythme que chacune des phrases de l'activité 23.

a. *Cette semaine/ nous allons passer/ le week-end/ au bord de la mer.*

b. ....

c. ....

d. ....

e. ....

f. ....

g. ....

26. Écoutez la transcription de la première partie de l'enregistrement et marquez les groupes rythmiques en les séparant par des barres (/). 🎧 33

Grand bien vous fasse, du lundi au vendredi sur France Inter, à partir de 10 heures. Bonjour. Bienvenue dans *Grand bien vous fasse* en direct en Podcast, et on s'intéresse ce matin au plus beau jour de notre vie, paraît-il, quand on a décidé de franchir le pas. Le mariage, c'est un jour faste, la fête la plus importante dans les représentations populaires. Mais comment expliquer que la mise en scène des noces soit devenue aussi cruciale, alors que le mariage ne symbolise plus forcément le début du couple avec, bien souvent, une vie de famille qui préexiste à l'événement ? Que symbolise vraiment cette journée exceptionnelle où se marier semble plus important qu'être marié ? Pourquoi les noces sont-elles transformées en instrument pour mettre en scène sa puissance sociale et son individualité, voire son narcissisme ?

27. Lisez le texte de l'activité précédente et respectez bien le rythme de l'original. S'il est nécessaire, comptez les syllabes de chaque groupe rythmique pour bien les reproduire.

⊕ Les groupes de mots

N'oubliez pas qu'en français, on ne prononce pas des mots isolés, mais des groupes de mots. Comme cela on peut réussir à bien reproduire le rythme du français.

PHONÉTIQUE - La prononciation de la graphie « e »

28. Écoutez les phrases et barrez les voyelles « e » qui ne sont pas prononcées. 🎧 34

a. Tu veux prendre un petit café ?

b. Ce matin, Mathilde a acheté des petits croissants à la boulangerie.

c. Le premier amour est toujours le plus beau.

d. Ce monsieur est venu te chercher le mois dernier.

e. Elle se promenait avec son copain dans le jardin du Luxembourg.

f. Le cinéma français est apprécié partout dans le monde.

g. Je te dis et je te dis et je te répète que je ne veux pas y aller !

h. Ce samedi je veux aller dans le sud de la France.

29. Complétez l'encadré.

⊕ La prononciation de « e »

Si le « e » se trouve à la fin d'un mot, ...

Si le « e » se trouve dans la première syllabe d'un groupe rythmique, ...

Si le « e » est entouré de trois consonnes prononcées, ...

Si le « e » est entouré de deux consonnes prononcées, ...

30. Lisez les phrases de l'activité 23 et prononcez-les en supprimant les « e » qui peuvent être supprimés.

31. Prononcez les phrases suivantes, d'abord en supprimant les « e » qui peuvent être supprimés, puis en les prononçant.

a. Ce petit monsieur se levait de bonne heure tous les matins.

b. Le mercredi, je ne me lève pas tard, cependant, le samedi je me lève à 9 heures.

c. Je te dis que je t'aime. Que veux-tu de plus ?

d. Ce livre et ce cahier sont ce dont j'ai besoin.

e. Cherche quelque chose de pas cher mais utile.

f. Dis-moi ce que tu veux et je te dirai ce que je peux faire.

g. Ce que tu dis ne peut pas être redit.

h. Refais ce travail et donne-le à ce monsieur.

32. Répétez les phrases suivantes.

a. Je suis ce que je suis et si je suis ce que je suis, qu'est-ce que je suis ?

b. Suis-je bien chez ce petit cher Serge ?

c. Si ceci se sait, ceci est grave.

d. Si ce samedi je veux crever, ce samedi je crève.

e. C'est crevant de crever une crevette.

f. Ce petit chevalier se regarde dans la glace.

La prononciation de « e » selon la région

La prononciation du « e » varie en fonction de la région de France. Dans le sud, les gens ont tendance à plus prononcer le « e ». Cela ajoute une syllabe au groupe rythmique qui le contient. C'est une question de style.

Autoévaluation

Mes compétences à la fin de l'unité 4

Je suis capable de...	J'ai encore des difficultés à...	Je ne suis pas encore capable de...	
			parler des relations amoureuses et du mariage
			échanger sur l'amour dans les films et les séries
			raconter des anecdotes amoureuses
			échanger sur la notion d'amitié
			faire une déclaration amicale

Mon bagage sur cette unité

1. Qu'est-ce que vous avez appris sur la culture française et francophone ?

....
....
....
....

2. Qu'est-ce qui vous a le plus intéressé et / ou étonné ?

....
....
....
....

3. Qu'est-ce qui est différent par rapport à votre culture ? Et qu'est-ce qui est similaire ?

....
....
....
....

4. Vous aimeriez en savoir plus sur...

....
....
....
....

Le cœur
à l'ouvrage

Parler de compétences dans le travail

1. Associez les icônes aux compétences transversales proposées en étiquettes.

- ◯ Leadership
- ◯ Communication
- ◯ Concentration
- ◯ Gestion du temps
- ◯ Travail d'équipe
- ◯ Pensée critique
- ◯ Intérêt pour les technologies
- ◯ Écoute
- ◯ Mémoire
- ◯ Créativité
- ◯ Relationnel

2. Pour chacune des compétences transversales de l'activité précédente, dites quelle/s activité/s de loisirs est/sont susceptible/s de les développer.

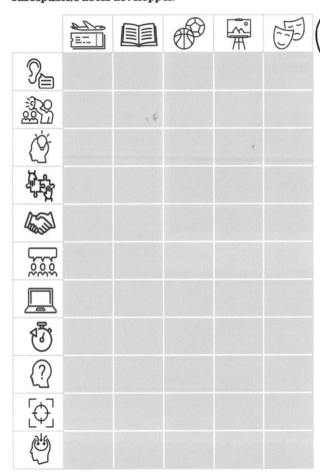

3. Discutez en groupe. Quels loisirs avez-vous déjà pratiqués et quelles compétences transversales vous ont-ils permis de développer ?

4. Écoutez cet entretien entre un directeur d'agence et une salariée et complétez la fiche d'entretien annuel.
🎧 35

Fiche d'entretien annuel

Salariée : *Mylène Bonnefont*
Ancienneté : *3 ans*
Poste : *Conseillère emploi et insertion professionnelle*
Missions : ....

	Compétences Techniques	Compétences Transversales
Acquises		
À développer		

Difficultés rencontrées : ....

Objectif fixé : ....

Évolution de poste envisagée : ....

La gestuelle du discours

5. Écoutez les phrases et associez-les à la photo correspondante.
🎧 36

L'interrogation avec l'inversion

6. Complétez avec « - » ou « -t- ».

Votre manager est _-_ il bienveillant avec vous ? Vous comprend _-_ il lorsque vous êtes fatigué ? Vous a _-t-_ il déjà offert un café ? Vous est _-_ il arrivé de le rencontrer en dehors du travail ? Met _-_ il en place des activités pour souder l'équipe ? Avez _-_ vous confiance en lui ? Vous arrive _-t-_ il de le critiquer ? Que se passe _-t-_ il lorsque vous n'êtes pas d'accord avec lui ? Prend _-_ il le temps de vous écouter ? Sait _-_ il vous motiver à la tâche ? A _-t-_ il une attitude positive au quotidien ? Ses décisions sont _-_ elles justes ? Manifestent _-_ elles une volonté d'équité entre les salariés ? Vos collègues sont _-_ ils d'accord avec vous ? Ses résultats sont _-_ ils à la hauteur ? Pense _-t-_ on qu'il est indispensable dans l'entreprise ? Ou bien dit _-_ on qu'il n'est pas efficace ?

7. Formulez des questions avec les éléments donnés.

a. être / d' / - / vous / quelqu'un / ? / organisé / pensez

b. concentrer / - / vous / de / open / vous / ? / êtes / dans / space / capable / correctement / un

c. vous / de / secteur / quel / travailliez / - / avant / industrie / ? / dans / l'

d. outil / votre / quel / ? / principal / était / travail / de /

e. estimez / pouvoir / - / salaire / ? / vous / à / prétendre / quel

f. il / dès / passerait / - / vous / que / le / ? / offrait / si / poste / on / demain / se

g. elle / pratique / du / ? / quelle / vous / -t- / aptitude / sport / votre / de / a / développer / permis

8. Reformulez ces titres d'articles sous forme de questions formelles.

a. Les erreurs à éviter lors de votre entretien d'embauche.
Quelles erreurs devez-vous éviter lors de votre entretien d'embauche ?

b. Les premières minutes de l'entretien d'embauche sont cruciales : explications.

c. Soupçons de discriminations à l'embauche chez le géant des télécommunications.

d. L'industrie textile rend le secteur attractif pour optimiser ses recrutements : le point sur ses méthodes.

e. L'État, une entreprise comme les autres.

f. C'est peut-être au Forum de l'Emploi que vous trouverez la perle rare.

9. Lisez ce dialogue et rédigez les 8 questions formelles que le chef a pu poser à Valentine.

- Alors Valentine, comment s'est passé ton entretien avec ton chef ?
- Très bien ! Il voulait simplement savoir si tout se passait bien pour moi. Il m'a interrogé sur les difficultés que je pouvais rencontrer dans mon travail. Il voulait savoir aussi si le nouveau logiciel fonctionnait correctement et si j'avais réussi à bien le maîtriser. Il voulait que je lui dise si je m'entendais bien avec mes collègues et si l'équipe du projet était déjà constituée. Il a voulu savoir quelle méthode j'allais utiliser pour le projet. Et à la fin, il m'a demandé comment j'envisageais mon avenir dans l'entreprise.

1. *Tout se passe-t-il bien pour vous ?*
2.
3.
4.
5.
6.
7.
8.

Les offres d'emploi

10. Complétez l'offre d'emploi avec les mots en étiquettes.

aptitude   mission   poste   responsabilités

expérience   l'entreprise   profil   secteur

capacité   salariés   mettre en œuvre

RESPONSABLE DE SERVICE SOCIAL

.... **d'activité :** Services à la personne

Description de ....
Solidarité avec les Demandeurs d'Asile est une association qui a pour .... d'accueillir les demandeurs d'asile, de leur apporter une écoute attentive et bienveillante, d'analyser leurs demandes pour les informer ou les orienter et de les autonomiser dans leurs démarches en leur proposant une formation adaptée.
Elle regroupe 15 établissements sur le territoire et emploie environ 200 ....

Description du ....
En tant que manager, vos principales ....
sont :
- encadrer une vingtaine de salariés,
- élaborer, évaluer et superviser les programmes d'activité,
- .... des stratégies de communication,
- programmer et animer les réunions de coordination d'équipes.

.... **recherché**
.... exigée d'au moins 1 an auprès des demandeurs d'asile.
Habiletés sociales et relationnelles.
.... d'écoute et d'adaptation.
.... à fédérer et mobiliser une équipe.
Diplôme de travailleur social exigé.

Présenter une entreprise

11. Lisez le texte et complétez la fiche d'informations.

Whisperies est une jeune *start-up* française née en 2014 à Vichy et qui s'est spécialisée dans l'édition de livres numériques.

L'idée de sa création est venue à sa fondatrice, Adeline Fradet, alors qu'elle était en congé maternité. Une de ses amies, illustratrice, lui a offert un cadeau de naissance réalisé par ses soins. Adeline Fradet s'est étonnée que son talent n'ait jamais été publié. Mais le secteur de l'édition papier est saturé et de nombreuses réalisations d'auteurs et d'illustrateurs restent dans les tiroirs des maisons d'édition. De là, Adeline Fradet a décidé de se lancer dans la création d'une plateforme de livres animés en ligne pour les enfants de 2 à 10 ans. Le concept est d'une part proposer aux parents un accès aux livres numériques, classés par thèmes ou catégories d'âge, par le biais d'une application mobile ou du site Internet, via un abonnement. Et d'autre part, il s'agit de mettre en relation auteurs et illustrateurs via la plateforme en ligne tout en mettant à leur disposition un outil pour la création d'histoires animées.

À ce jour, Whisperies propose 400 livres numériques. Elle propose des formules d'abonnement spécifiques pour les écoles et les médiathèques. La *start-up* a lancé une collection de livres adaptés aux enfants dyslexiques en 2016, puis en 2018, une collection consacrée à la découverte de l'anglais.

Au départ, Adeline Fradet a réussi à financer son projet grâce à une levée de fond sur la plateforme de financement participatif Ulule puis grâce à la bourse French Tech de BpiFrance qui subventionne les projets innovants. La *start-up* a reçu le Trophée du livre numérique en 2015 et Adeline Fradet a été couronnée du Prix de l'entrepreneure numérique 2015. Whisperies a aussi bénéficié récemment du soutien remarqué de l'actrice Isabelle Adjani.

IDENTIFICATION DE L'ENTREPRISE

- → Nom : ....
- → Date de création : ....
- → Dirigeant(e) : ....
- → Siège social : ....

Financement du projet : ....
....

Activités : ....
....

Produits : ....
....

Utilisateurs / Acheteurs potentiels : ....

Distinctions : ....
....

Les conditions de travail

12. Écoutez ces témoignages et dites quels problèmes liés aux conditions de travail ils évoquent.

🎧 37

	1	2	3	4	5	6	7
Pénibilité							
Monotonie							
Licenciement							
Précarité							
Perte de sens							
Rivalités							
Soif de pouvoir							

Parler de la méritocratie

13. Écoutez le portrait de Vérone Mankou et complétez son CV.

🎧 38

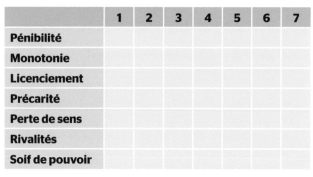

Vérone Mankou
Immeuble Monté Christo,
Saint-Denis, Mpila
Brazzaville
Âge : .... ans
Nationalité : ....

....

Expérience professionnelle :

.... : .... de Vox Médias, Brazzaville
.... : .... de la Fondation #Bantuhub
→ Création de ....
→ Formation et accompagnement de ....
....

2009 : PDG de ...., Brazzaville
→ 2011 : lancement de ....
→ 2015 : construction de ....

2008 : ...., puis .... au ministère des Postes et Télécoms du Congo.
.... : développeur d'un moteur de recherche, Keyforin, Brazzaville.

.... :

2017 : désigné parmi les 100 personnes d'ascendance africaine les plus influentes, MIPAD 100.

En 2015 : prix d'excellence à la 4ᵉ édition des Dîner des Icônes.

2013 et 2015 : désigné par le magazine Forbes parmi les 30 jeunes entrepreneurs africains.

2014 : top 20 des bâtisseurs de demain pour l'Afrique selon Forbes.

Formation :

.... en maintenance et réseaux.

Introduire des faits et des exemples

14. Lisez le texte et répondez aux questions.

Le frugalisme, de l'aisance à la sobriété

Venu des États-Unis où il est apparu dans les années 2000, le frugalisme fait de plus en plus d'adeptes en Europe. Ce mouvement décroissant vise à réussir sa vie autrement qu'en travaillant et pour cela, à prendre sa retraite le plus tôt possible.

Comme Walden, le héros du roman de Henry David Thoreau qui, refusant de passer sa vie à la gagner, fait le choix d'un mode de vie simplifié et se rapproche de la nature pour retrouver la sienne, les frugalistes prônent une manière de vivre plus sobre et proche de la nature et surtout, loin du monde du travail et de la consommation. L'objectif est de redonner du sens à sa vie et de se donner une chance d'accéder au bonheur.

Mais les frugalistes n'ont rien à voir avec des hippies anticapitalistes. Ils ne s'affranchissent pas du système financier. Bien au contraire, ils exploitent les possibilités qu'il leur permet. Ainsi, la plupart des frugalistes font fructifier leur argent en l'investissant en bourse ou dans l'immobilier afin de générer un revenu passif qui leur permettra de financer leur retraite anticipée, aussi sobre qu'elle soit.

On remarquera que cette retraite précoce n'est pas permise à tout le monde puisqu'un capital de départ conséquent est nécessaire. Une étude montre que les frugalistes touchent entre 35 et 75 000 euros de revenus annuels, ce qui ne concerne qu'un dixième de la population française. Réduire ses dépenses et sa consommation ne suffit pas et le frugalisme exclut d'emblée les plus modestes.

De nombreux adeptes du frugalisme ne se coupent d'ailleurs pas totalement du monde du travail. Marc et sa femme ont tous deux choisi de passer à temps partiel. Hubert, lui, assure des missions de consulting de temps à autre. Quant à Romain, il a troqué son poste de chef des ventes contre un métier qui « a du sens » : il est devenu artisan pour un peu de temps libre en plus et... 3 000 euros de salaire mensuel en moins.

Car le point commun des frugalistes, c'est que leur activité professionnelle ne les passionne pas. Comme 91 % des Français, ils ne trouvent pas leur profession motivante. Las d'une activité dépourvue de sens, parfois confrontés au manque de reconnaissance ou usés par une pression trop forte, ils ne considèrent pas que le travail soit propice à l'épanouissement auquel ils aspirent.

À l'heure où l'on envisage de retarder encore l'âge de départ à la retraite, les frugalistes opposent un mode de vie à contresens. Mais que le gouvernement se rassure, ce choix n'est pas accessible à tous.

a. Selon l'article, qu'est-ce qui caractérise les frugalistes ?

b. Cherchez dans le texte un exemple présentant :
- un cas concret :
- une expérience vécue :
- une référence culturelle :
- une référence scientifique :
- des données chiffrées :

15. Lisez ce texte et choisissez le mot qui convient.

On **constate / montre** depuis un certain nombre d'années maintenant, un déclin des syndicats français. Le taux de syndicalisation en **témoigne / prouve** puisqu'il est passé de 21 % en 1978 à 8 % en 2017. Plusieurs facteurs expliquent ce taux, le plus faible parmi les pays riches de l'OCDE.

Si l'on compare la situation avec celle d'autres pays, on peut d'abord **illustrer / remarquer** que la syndicalisation présente peu d'intérêts en France. Le fait que les syndicats défendent aussi le droit des non syndiqués, sans qu'ils aient à payer les cotisations le **confirme / note**.

Mais les mutations du marché de l'emploi jouent aussi un rôle important dans cette crise du syndicalisme. **Selon / Comme** les chiffres du ministère du Travail, le taux de syndicalisation ne concerne que 3 % des salariés en CDD et seulement 1 % des intérimaires. On **indique / voit** donc que la précarisation du travail accentue la faiblesse des syndicats.

Enfin, on **s'aperçoit / reflète** que la peur d'être discriminé dans son entreprise est un obstacle important à l'engagement syndical. **Comme / D'après** le dernier rapport du Défenseur des droits, une forte proportion de salariés pensent que l'exercice d'une activité syndicale entraîne souvent des représailles telles qu'une absence d'évolution professionnelle, un blocage de la rémunération ou une dégradation des conditions de travail.

16. Illustrez ces différentes idées au moyen d'un exemple tiré de l'unité ou inspiré de vos connaissances et expériences personnelles.

a. Toutes les compétences ne s'acquièrent pas en travaillant... *Les compétences transversales, qu'on peut développer en pratiquant un sport ou en apprenant une langue, l'illustrent parfaitement.*

b. Le profil du travailleur idéal dépend de la culture d'entreprise qui diffère selon les pays...

c. Manager d'une main de fer peut s'avérer efficace...

d. L'entretien d'embauche est une véritable épreuve pour de nombreux candidats...

e. Certaines professions sont particulièrement déshumanisantes...

f. Aujourd'hui, la réussite n'est plus réservée aux seniors...

g. Les nouvelles technologies ont profondément bouleversé le monde du travail...

h. De nos jours, de plus en plus de personnes font le choix de s'épanouir en dehors de leur travail...

Le suffixe -cratie

17. À partir des définitions suivantes, déduisez le sens des mots donnés.

ANDROPHOBIE : nom féminin (du grec ancien *andrós*, « homme », et *phóbos*, « fuite, peur »). Peur, aversion pour les individus de sexe masculin.

ÉPISTÉMOLOGIE : nom féminin (du grec ancien *epistêmê*, « science », et *lógos*, « étude »). Étude de l'histoire, des méthodes et des principes des sciences.

ETHNOCRATIE : nom féminin (du grec ancien *ethnós*, « tribu », et *kratos,* « pouvoir »). Système où le pouvoir est détenu par un groupe ethnique.

GÉRONTOLOGUE : nom masculin ou féminin (du grec ancien *gérôn*, « vieillard », et *lógos*, « étude »). Médecin spécialiste du vieillissement.

KLEPTOMANIE : nom féminin (du grec ancien *kleptein*, « voler » et *manía*, « la folie »). Trouble psychique caractérisé par une obsession à voler des objets.

ROBOTISER : verbe transitif (du tchèque *robot*, « machine de forme humaine » et du latin *-izare*, « rendre »). Faire exécuter une tâche par un robot.

STRATÉGIE : nom féminin (du grec ancien *stratós*, « armée », et *agein*, « conduire »). Art de planifier et d'organiser les forces militaires dans un conflit.

a. Épistémocratie : _____

b. Kleptocratie : _____

c. Gérontocratie : _____

d. Androcratie : _____

e. Robocratie : _____

f. Stratocratie : _____

Rédiger une lettre de motivation

18. Remettez dans l'ordre les phrases suivantes afin de reconstituer deux lettres de motivation.

a. Je souhaiterais mettre à profit mes connaissances dans le domaine social pour aider et accompagner les personnes en difficulté d'insertion.

b. J'ai le goût du challenge, le sens du commerce et une forte sensibilité clients. Je fais preuve de rigueur et de méthode dans mon travail, ce qui me permet d'organiser et de superviser efficacement les activités de mes équipiers.

c. Suite à l'annonce parue sur le site de Défi Emploi, je vous écris pour vous adresser ma candidature au poste de manager que vous proposez.

d. Je suis d'une nature empathique et optimiste et j'ai toujours démontré de grandes qualités d'écoute en tant qu'assistant social. Mon autonomie, mon adaptabilité et mon goût pour le travail d'équipe me permettront de m'intégrer rapidement dans votre équipe d'accompagnateurs tout en étant rapidement opérationnel.

e. Ce poste correspond à mes aspirations professionnelles et à mes savoir-faire acquis grâce à mon expérience à la tête d'une équipe de 20 collaborateurs dans une enseigne de la grande distribution.

f. Vous trouverez en pièce jointe mon CV où figure le détail de ma formation et de mon expérience dans l'action sociale. Je serais ravi d'obtenir un entretien avec vous, afin de vous exposer plus en détail mes motivations. Veuillez agréer, Madame, Monsieur, l'expression de mes salutations distinguées.

g. Madame la Directrice,

h. Veuillez trouver mon CV ainsi qu'une lettre de recommandation en pièces jointes. Restant à votre disposition pour toute information complémentaire, je vous prie de recevoir, Madame la Directrice, mes sincères salutations.

i. Ayant eu connaissance de l'existence de votre association par la presse locale, je me permets de prendre contact avec vous pour vous proposer mes services en tant qu'accompagnateur social.

j. Madame, Monsieur,

Lettre 1				

Lettre 2				

19. Rédigez une lettre de motivation pour postuler à cette offre d'emploi.

Offre d'emploi : n°14257

Poste : animateur/trice d'activités périscolaires en CDI.

Lieu de travail : école élémentaire internationale.

Missions : concevoir, organiser et animer les activités ludiques, artistiques, sportives et éducatives auprès d'enfants de 7 à 11 ans dans le respect du projet pédagogique et des normes de sécurité. Surveillance des élèves sur les temps de récréation et de restauration. Développer une écoute et un dialogue permanent avec les enfants.

Profil : goût pour le travail d'équipe et le contact avec les enfants. Langues étrangères appréciées. Débutant accepté.

Horaires de travail : 35 heures hebdomadaires du lundi au vendredi.

Rémunération : SMIC horaire.

PROSODIE - L'intonation

20. Écoutez et marquez si la voix monte ou non pour poser la question.
🎧 39

	La voix monte	La voix ne monte pas
a.		
b.		
c.		
d.		
e.		
f.		
g.		

21. Complétez l'encadré.

> La voix ne monte pas toujours pour les phrases interrogatives. Cela dépend du type de question :
> • La voix monte toujours quand la question ....
> • La voix ne monte pas en général quand .... , ou quand .... ou bien quand il y a un mot interrogatif.
> • Avec la formule « Est-ce que » ou l'inversion du sujet, la voix peut monter pour exprimer l'intérêt ou la gentillesse.

22. Lisez les questions suivantes en faisant bien attention à l'intonation.

a. Êtes-vous ouvert à la critique ?
b. Vous savez bien gérer votre temps ?
c. Est-ce que vous savez défendre vos idées ?
d. Avez-vous des objectifs clairs ?
e. Vous vous adaptez facilement aux nouvelles technologies ?
f. Pouvez-vous accepter des changements ?
g. Comment vous réagissez face à la critique ?
h. Aimez-vous prendre l'initiative ?

23. Écoutez les phrases suivantes et indiquez s'il s'agit d'une question ou d'une exclamation.
🎧 40

	?	!
a.		
b.		
c.		
d.		
e.		
f.		
g.		

> Pour l'exclamation, la voix monte pour la première partie de la phrase, mais elle descend après.

24. Lisez les phrases exclamatives en faisant bien attention à l'intonation.

a. Quel ordinateur performant !
b. Vous avez participé à la réunion ?!
c. Qu'est-ce qu'il fait froid dans cette salle !
d. Mais, c'est impossible !
e. Comment avez-vous fait ça ?!
f. Mais, c'est incroyable !
g. Quelle voiture magnifique !
h. Comme c'est difficile de travailler en équipe !

25. Lisez les questions et phrases exclamatives suivantes en faisant bien attention à l'intonation.

a. Est-ce que vous aimez votre travail ?
b. C'est un travail très intéressant !
c. Avez-vous le sens du commandement ?
d. Vous aimez travailler en équipe ?
e. La réussite est-elle importante pour vous ?
f. C'est un vrai défi !
g. Vous préférez la liberté d'action ?
h. Qu'est-ce que c'est fatigant !

PHONÉTIQUE - Le son [v]

26. Écoutez les phrases et cochez si vous entendez le son [v] ou un autre son.
🎧 41

	J'entends [v]	J'entends autre son
a.		
b.		
c.		
d.		
e.		
f.		
g.		

> ➕ **Le son [v]**
> Le son [v] se prononce entre les dents supérieures et la lèvre inférieure. Contrairement au son [b], le son [v] peut se prolonger tant que l'on a le souffle. Pour le prononcer, il faut moins de force (tension) que pour le son [f].

27. Prononcez les phrases suivantes.

a. Bérénice et Valérie vont à Bogota.
b. En Finlande, il y a des bateaux à voiles.
c. Au Venezuela, vous pouvez voir des fidèles.
d. On va chercher des boutiques en France.
e. Frédérique et Brigitte vont à Vannes.
f. C'est facile de voir des vallées à Florence.
g. Du jus de figues et du jus de betterave.
h. Je voudrais de la bière slovaque.

28. **Répétez les phrases.**

a. Les vers verts levèrent leur verre vert vers le ver vert.

b. Pauvre pieuvre sans pouvoir voir les voiles.

c. Le poivre vert fait fièvre à la pauvre pieuvre.

d. L'évadé du Nevada dévalait dans la vallée.

e. Il voyage dans un vilain vélo volé.

Autoévaluation

Mes compétences à la fin de l'unité 5

Je suis capable de...	J'ai encore des difficultés à...	Je ne suis pas encore capable de...	
			parler des compétences dans le travail
			analyser la gestuelle du discours
			parler du management
			poser des questions formelles
			caractériser et présenter une entreprise
			échanger sur les entretiens d'embauche
			discuter du travail dans la littérature
			débattre sur l'ubérisation
			illustrer à l'aide d'exemples
			parler de la méritocratie
			échanger sur les frugalistes

Mon bagage sur cette unité

1. Qu'est-ce que vous avez appris sur la culture française et francophone ?

....

....

....

....

2. Qu'est-ce qui vous a le plus intéressé et / ou étonné ?

....

....

....

....

3. Qu'est-ce qui est différent par rapport à votre culture ? Et qu'est-ce qui est similaire ?

....

....

....

....

4. Vous aimeriez en savoir plus sur...

....

....

....

....

L'art et la manière

Parler d'artisanat, de compétences et de qualités

1. Lisez ces offres d'emploi et attribuez à chaque offre un des métiers proposés en étiquettes.

maroquinier   chapelier   bijoutier-joaillier   horloger

Cherche Job   ×

http://www.cherchejob.def

Publiez votre CV et postulez à plus de 50 000 emplois

quoi ?   où ?   rechercher 🔍

....

Vous réaliserez à l'unité et en petites séries des chapeaux dans notre atelier de confection. Vous connaissez bien les spécificités des différents matériaux. Habile de vos mains, vous êtes apte au moulage des modèles, à leur fabrication, ainsi qu'aux opérations de finition.
Créatif et doté d'un sens de l'esthétique, vous êtes en mesure de concevoir de nouveaux modèles.

....

Au sein de notre service après-vente, vous réparerez et entretiendrez des articles d'horlogerie. Minutieux et patient, vous êtes doué pour le travail manuel de précision.
Vous êtes apte à repérer l'origine des pannes et à les réparer. Vous connaissez parfaitement la mécanique et l'électronique horlogère. Votre capacité à organiser votre travail vous permet d'établir et de respecter un planning. Vous avez également le goût du contact et du conseil.

....

Vous travaillerez dans un petit atelier de création, de réparation et de transformation de bijoux. Expérimenté, vous avez déjà démontré votre aptitude à tailler les gemmes. Vous êtes également capable d'ajuster ou de réaliser des montures. Vous faites preuve de précision, de minutie et de patience. Vous connaissez très bien les alliages métalliques et les minéraux. Votre talent créatif, vos dons artistiques et votre sens des volumes vous permettent de concevoir de nouvelles pièces esthétiques et originales.

....

Vous créerez à la main et à la machine des articles variés : sacs, ceintures... Créatif et bon couturier, vous avez des compétences reconnues pour toutes les étapes du processus de fabrication. L'habileté manuelle, la rigueur et la précision sont vos principales qualités. Vous êtes doué pour sélectionner le cuir et les peaux grâce à votre sens du toucher et vos connaissances approfondies des matériaux.

2. Sur le modèle des offres de l'activité précédente, rédigez une offre d'emploi pour un de ces postes. Utilisez les informations proposées.

Métier : coutelier

Lieu de travail : entreprise de fabrication

Connaissances : matériaux, différents produits de coutellerie (couteaux de table, de boucherie, scalpels, ciseaux...)

Savoir-faire : dessiner un croquis, réaliser un gabarit, forger le métal, monter une lame sur un manche, réaliser les finitions, affûter une lame.

Qualités : artistiques, relationnelles (travail d'équipe + contact client)

Métier : encadreur

Lieu de travail : entreprise artisanale

Connaissances : histoire de l'art, matériaux (bois, aluminium...)

Savoir-faire : sélectionner les matières, dessiner une pièce avant de la réaliser, assurer les finitions, maîtriser les techniques pointues (patine, moulure, sculpture...)

Qualités : créativité, minutie, sens du contact et du conseil

Cherche Job   ×

http://www.cherchejob.def

....
....
....
....

Le participe présent et les adjectifs verbaux

3. Lisez le proverbe et répondez aux questions.
  a. Cochez le proverbe de sens équivalent :

« C'est en forgeant qu'on devient forgeron. »

☐ Qui beaucoup pratique, beaucoup apprend. (Proverbe français)
☐ Mieux vaut lentement et bien que vite et mal. (Proverbe malgache)
☐ Il n'y a pas d'hommes incapables, il n'y a que des paresseux. (Proverbe burkinabè)

  b. Déclinez le proverbe avec les noms de professions en étiquettes. Utilisez le dictionnaire si nécessaire.

graveur   tailleur de pierre   fabricant

couturier   fondeur   peintre

— *C'est en gravant qu'on devient graveur.*

....
....
....

4. Choisissez la réponse correcte.

a. La taille de pierre est un travail **fatiguant / fatigant**.

b. Les cadres **dirigeant / dirigeants** une unité de production sont invités à participer à la réunion.

c. Cet artisan ferronnier a connu un succès sans **précédant / précédent**.

d. Un stage à l'étranger sera offert aux apprentis **excellant / excellent** dans leur discipline.

e. De nombreux artisans de la construction travaillent à un rythme intensif **influant / influent** sur leur santé.

f. L'horloger maîtrise un ensemble de techniques **exigeant / exigeantes** beaucoup de précision et de rigueur.

g. Le savoir-faire qu'il a développé n'a pas d'**équivalent / équivalant** dans le pays.

h. Ce modèle est très **différent / différant** de tous ceux qu'il a créés auparavant.

5. Écoutez les phrases et cochez ce qu'exprime le participe présent.

🎧 42

	1	2	3	4	5	6	7	8	9	10
Caractéristique										
Cause										
Conséquence										
Simultanéité										
Manière										

6. Transformez les phrases en utilisant un participe présent.

a. Les personnes qui vivent à la campagne ne sont pas épargnées par la pollution.
Les personnes vivant à la campagne ne sont pas épargnées par la pollution.

b. ~~Comme il souffre~~ d'insomnie et de migraine depuis son accident, il a perdu son efficacité au travail.

Souffrant

c. Une branche l'a accroché par la ceinture et l'a ainsi retenu dans sa chute.

ainsi l'ayant retenu

d. Les candidats qui n'ont pas validé leur dossier d'inscription ne pourront pas participer aux épreuves.

n'ayant pas validé

e. Je pense toujours à mon grand-père quand je regarde la mer.

regardant

f. Pour traverser le précipice, il a marché sur un fil.

En traversant

g. Les étudiants qui exercent un emploi à temps partiel sont de plus en plus nombreux.

exerçant

7. 🎧 43 Écoutez ce témoignage d'un vannier puis répondez aux questions.

a. Quelle difficulté Christian Rosier a-t-il dû affronter ?

b. Comment explique-t-il cette difficulté ?

c. Comment a-t-il fait face à cette difficulté ?

d. Comment le stagiaire l'a-t-il aidé ?

8. Échangez en petits groupes.

Que faites-vous...

... par paresse ?   ... avec enthousiasme ?

... sans vos mains ?   ... à l'aide de vos amis ?

... par le biais d'un courrier ?   ... avec un outil ?

... sans réfléchir ?   ... grâce à votre intelligence ?

... au moyen d'une technique particulière ?

... faute d'argent ?   ... par courriel ?

9. Réécrivez les phrases en reformulant les propositions au gérondif à l'aide de l'expression proposée entre parenthèses. Faites les transformations nécessaires.

a. Il s'est fait connaître en participant à des salons. (par)
Il s'est fait connaître par sa participation à des salons.

b. L'association L'outil en main organise des ateliers pendant lesquels des artisans retraités transmettent leur savoir-faire en initiant les participants à leurs techniques. (par le biais de) *l'initiation des*

c. Le gouvernement souhaite améliorer le quotidien des artisans en simplifiant leurs démarches administratives. (par) *la simplification de*

d. L'association Terres d'échange valorise la céramique en organisant des expositions, des ateliers de création ou encore des stages pour amateurs ou professionnels. (grâce à) *l'organisation*

e. La chaîne DemainTV a permis de faire connaître l'artisanat des territoires d'outre-mer en diffusant une émission consacrée à ce sujet. (avec) *la diffusion d'une*

f. La ville de Lyon aide l'association Soierie vivante à préserver le patrimoine des métiers de la soie en participant financièrement à leurs actions. (au moyen de)

la participation financière à

La continuité, l'interruption et la progression

10. Écoutez ce témoignage et répondez aux questions.

🎧 44

a. Quand la restauratrice était étudiante, comment envisageait-elle son avenir ?

b. Quels sont les effets du temps sur les couleurs ?

c. Ses travaux de restauration sont-ils permanents ? Pourquoi ?

d. Quelle surprise a-t-elle déjà eu avec plusieurs toiles ?

e. Quelles sont ses deux principales préoccupations ?

f. Quelles tâches n'aime-t-elle pas effectuer ? Pourquoi ?

g. Qu'est-ce qui la motive dans son travail ?

11. Écrivez le contraire des phrases suivantes.

a. On voit toujours des rémouleurs sonner aux portes des maisons pour proposer leurs services.

b. À ce moment-là, les arracheurs de dents n'avaient toujours pas cédé la place aux dentistes.

c. Quand ma mère est née, les laitiers existaient encore.

d. À cette époque, les allumeurs de réverbères étaient toujours chargés de l'éclairage public car les ampoules n'existaient pas encore.

e. En ce temps-là, les composteurs automatiques avaient déjà remplacé les poinçonneurs du métro.

Adresse et réussite

12. Lisez les définitions puis complétez la grille de mots croisés avec les mots correspondants.

1. Performance extraordinaire.

2. Très grand succès.

3. Matière d'une main douée.

4. Ce qu'on fait malheureusement parfois avec son train ou ses examens.

5. Échec complet.

6. Ce qui vous attend si vous réussissez.

7. Pour un Québécois, il vaut mieux n'en avoir qu'un à chaque main.

8. Ses doigts sont adroits.

L'art et ses polémiques

13. Écoutez cette interview et répondez aux questions.

🎧 45

a. Qu'est-ce qu'un *ready-made* ?

b. Quelles sont les deux caractéristiques de *Fountain* qui étaient propres à déclencher une polémique en 1917 ?

c. Comment Duchamp a-t-il vécu cette polémique ?

d. Qu'est-il arrivé à l'urinoir original ? En quoi cela a-t-il eu une conséquence « scandaleuse » selon l'historien ?

e. Qu'a fait l'artiste Pierre Pinoncelli ?

f. Pourquoi l'historien trouve-t-il cette performance fantastique ? Et vous, qu'en pensez-vous ?

Les faits divers, les crimes et les délits

14. Écoutez les dialogues entre une journaliste et les témoins d'un crime. Puis complétez la fiche.

🎧 46

```
Type de crime :

Victime(s) / description :

Suspect(s) / description :

Circonstances du crime
(lieu, moment, arme du crime...) :

Témoin(s) :

Mobile du crime :
```

15. En petits groupes, comparez vos notes. Puis rédigez l'article de la journaliste sur ce fait divers.

16. Cette critique littéraire est très difficile à lire car certains mots ont été remplacés par leur définition. Restituez le texte original à l'aide des mots en étiquettes.

| défendre | coupables | condamnation | enquête |

| jugés | enquêteurs | tribunal | témoins | avocat |

Le Procès du cochon, d'Oscar Coop-Phane
Maison d'édition : Grasset
Format : 120 x 185 mm | Pages : 128

OSCAR COOP-PHANE

Le Procès
du cochon

Ce court récit, inspiré d'un fait divers, dépeint un usage peu connu qui avait cours au Moyen Âge en Europe : les animaux qui se rendaient *responsable d'un acte répréhensible* d'un crime étaient alors *soumis à la décision d'un tribunal* comme des hommes. On menait *un ensemble d'opérations destinées à élucider les circonstances d'un crime* pendant laquelle les animaux étaient incarcérés jusqu'au procès. Parfois, *une personne qui conseille, assiste ou représente ses clients en justice* était chargé de *protéger les droits et soutenir la cause* ces animaux. On entendait *les personnes en présence de qui s'est accompli un fait* et *les personnes menant des investigations pour faire la lumière sur des faits* pour arriver finalement à *la décision d'un juge ordonnant une peine*. C'est un cochon qu'Oscar Coop-Phane a choisi de mener au *lieu où l'on rend la justice* dans ce récit allégorique qui scrute la palette des sentiments humains d'une plume acerbe et sarcastique.

17. Écoutez la chronique et répondez aux questions.

🎧 47

a. Érostrate est l'homme... (trois réponses)
- ☐ qui a construit le temple d'Éphèse.
- ☐ qui a brûlé le temple d'Éphèse.
- ☐ dont on connaît encore le nom.
- ☐ dont on a oublié le nom.
- ☐ qui a inspiré le titre d'une nouvelle de Sartre.
- ☐ qui a inspiré l'histoire d'une nouvelle de Sartre.

b. La nouvelle de Sartre est inspirée par... (une réponse)
- ☐ un fait historique.
- ☐ un fait divers.
- ☐ l'engouement pour les faits divers.

c. Quel projet prépare le héros de Sartre ?

d. Pendant la préparation de son projet, quel changement constate-t-il chez lui ?

e. Que compare-t-il sur les photos des sœurs Papin ? En quoi cela le conforte-t-il dans son projet ?

f. Comment se finit son projet ?

g. Qu'est-ce que Sartre a voulu montrer ?

La comparaison

18. Cherchez sur Internet des informations sur le crime des sœurs Papin. Puis comparez les sœurs entre elles et leur apparence avant et après leur crime. Utilisez un maximum d'expressions de comparaison.

Avant **Après**

....
....
....
....
....

19. Complétez les phrases suivantes avec des expressions de comparaison. Plusieurs réponses sont parfois possibles.

a. La bande dessinée a toujours été considérée comme un art _____ aux autres, pourtant la production contemporaine est époustouflante de talent.

b. Le polar est une _____ de film policier, mais le point de vue adopté est celui du gangster.

c. Selon moi, l'œuvre de Kandinsky n'est pas _____ intéressante _____ celle de Miró que j'admire profondément.

d. Ce tableau est si réaliste et si bien réalisé que _____ une photo.

e. L'univers de cette adaptation cinématographique _____ finalement assez peu à celui du livre.

f. Les deux tableaux dépeignent la _____ scène, pourtant ils ne sont pas du tout _____

g. Dans ce long métrage, tout se passe _____ le personnage principal était le coupable.

h. Cette fiction est un vulgaire plagiat de mon roman : tout est exactement _____ à part le nom des personnages.

Le suffixe -cide

20. Dans chaque série de mots, éliminez l'intrus. Utilisez un dictionnaire si nécessaire.

a. herbicide - décide - matricide
b. bactéricide - génocide - lucide
c. régicide - suicide - glucide
d. acide - homicide - insecticide
e. placide - infanticide - pesticide

21. En petits groupes, faites deviner les mots restants.

👥 • *Comment appelle-t-on un produit qui tue les mauvaises herbes ?*
  ○ *Un herbicide !*

La bande dessinée

22. Observez les images puis complétez les bulles.

23. Décrivez la bande dessinée de l'activité précédente à l'aide du vocabulaire de la bande dessinée vu dans l'unité.

— *Il s'agit d'une planche de bande dessinée...*

Analyser une image

24. Écoutez la description d'un tableau de Marc Chagall et essayez de vous le représenter mentalement. Puis, reproduisez le tableau sur une feuille de papier disposée verticalement.

🎧 48

25. Cherchez sur Internet la représentation du tableau de l'activité précédente, intitulé *Les Amoureux aux marguerites* (1958) et comparez-la à la vôtre.

26. Lisez les notes ci-dessous. Sélectionnez quelques informations puis rédigez un paragraphe pour présenter le tableau et un autre pour l'analyser et l'interpréter.

Biographie :

- Marc Chagall (1887-1985)
- Artiste d'origine russe, issu d'une famille juive très pratiquante. A passé une très grande partie de sa vie en France. Exilé quelques années aux États-Unis pour échapper aux persécutions de la Seconde Guerre mondiale.
- En 1909, il rencontre l'amour de sa vie, Bella, qu'il épouse en 1915 et qui restera son inspiratrice même après sa mort en 1944 : malgré son remariage en 1952, c'est presque toujours Bella qu'il représente dans ses tableaux.

Œuvre :

- Art figuratif, en dehors de tout mouvement artistique, mais influencé par quelques courants artistiques comme le cubisme (déconstruction des formes), le fauvisme (couleurs pures), le surréalisme (onirisme)...
- **Techniques** : peinture (huile, gouache, aquarelle...), mais aussi gravure, mosaïque, céramique, vitrail...
- **Thèmes récurrents** : l'amour, la Bible, la musique, le cirque...

Symbolique de quelques éléments récurrents :

- **Le couple** : une obsession dans l'œuvre de Chagall. Représentation indissociable de la vie privée de l'artiste : forme d'autoportrait élargi.

  La femme (Bella) est souvent représentée en mariée, le plus souvent vêtue de blanc ou de bleu.

  Inséparables, les amoureux s'embrassent ou s'enlacent toujours, parfois ils se confondent > amour fusionnel.

  Souvent représentés en vol, les amoureux flottent, légers, libérés des contraintes du monde réel > reflet de l'amour divin.

- **L'oiseau** : apparaît souvent dans les moments joyeux. Symbolise l'amour, la liberté, parfois la pureté.

  Rouge, c'est parfois un phénix (oiseau de feu qui vit mille ans, meurt et renaît de ses cendres).

- **Le bouquet de fleurs** : lié au souvenir d'un anniversaire en 1915 où Bella lui offre un bouquet de fleurs.

  Représente parfois Bella mais aussi le bonheur des amants ou le mariage, cérémonie la plus importante dans la culture juive. Image de la vie, précieuse mais fragile.

- **La lune** : symbole du temps qui passe, du rêve et bien sûr de la nuit, élément vital pour le peintre car elle nourrit son imagination au contraire du jour qui est la logique et la raison.

- **La maison** : image de l'intimité et de la sécurité.

  En lien avec le couple et la famille, seule communauté sociale à laquelle Chagall se sent appartenir.

- **Les fruits** : matérialisent souvent la luxuriance et la précarité de la vie ou parfois le plaisir.

Symbolique des couleurs :

- **Le bleu** (couleur préférée de Chagall) : couleur du rêve, de la poésie, de l'amour, de la sagesse et de la sérénité.
- **Le blanc** : couleur spirituelle qui renvoie à la pureté ou à la lumière divine.
- **Le rouge** : évoque la puissance du lien amoureux ou du divin. A parfois une connotation dramatique.
- **Le jaune** : couleur de la fête, de la joie ou de la renaissance.

PROSODIE - La mélodie du français

27. Écoutez l'introduction du reportage « Souffleur de verre » et soulignez les syllabes accentuées.
49

Il y a un siècle, il y avait des milliers de souffleurs de verre en Belgique. Aujourd'hui, ils ne sont plus que quelques-uns. Celui que nous avons rencontré a décidé de plaquer sa carrière de commercial pour se lancer dans le travail du verre. Voici la « belge histoire » de Christophe et c'est signé Fiona Collioni.

28. Écoutez de nouveau et marquez pour chaque syllabe accentuée, si la voix monte (⤴) ou descend (⤵).
49

> Le français a une mélodie très particulière donnée par le fait que les accents sont très longs. Cela fait que les accents en milieu de phrase montent très haut et l'accent final de la phrase descend très grave. Ceci nous donne une mélodie plus ou moins comme cela :
>
>

29. Écoutez les phrases et mettez une flèche selon que la voix monte ou descend.
50

a. De nos jours, il y a de moins en moins d'artisans.
b. Les forgerons, c'est un métier en voie de disparition.
c. Actuellement, les montres et les horloges se font de manière industrielle.
d. La fabrication de tissus artisanaux devient très chère.
e. Les broderies faites à la main sont très belles, mais difficiles à trouver.
f. Les pays industrialisés cherchent des produits artisanaux dans les pays pauvres.
g. L'Unesco met en valeur le travail des artisanes du nord de l'Afrique.
h. Nous devons tout faire pour que le métier d'artisan subsiste dans le monde.

30. Écoutez et répétez les phrases de l'activité précédente en faisant bien attention à reproduire la mélodie.
50

31. Lisez les phrases en faisant bien attention à produire une bonne mélodie.

a. Le flacon du parfum est aussi important que son contenu.
b. La création d'un parfum est le résultat de plusieurs artisans.
c. Le nez joue avec les essences et crée des odeurs inoubliables.
d. Les horticulteurs du sud de la France cultivent les fleurs qui serviront à en extraire les essences.
e. Les sculpteurs-dessinateurs imaginent des flacons beaux et élégants.
f. Les verriers donnent la forme aux flacons imaginés par les dessinateurs.
g. Le résultat de tout cela est l'un des produits les plus recherchés de l'industrie du luxe.
h. Nous cherchons toujours un parfum qui va avec notre personnalité.

32. Lisez le texte et marquez les syllabes accentuées. Puis, marquez si la voix monte ou descend pour chaque accent. Finalement, lisez le texte à voix haute en faisant bien attention à reproduire la mélodie correcte.

Un véritable phénomène éditorial
Impossible d'y échapper sur les tables des libraires et des bibliothèques. Le fait divers est partout. De plus en plus d'affaires criminelles font ainsi l'objet d'une nouvelle enquête, mais littéraire cette fois-ci. Signe des temps, la vénérable institution Grasset n'a-t-elle pas décidé de lui consacrer une collection, « Ceci n'est pas un fait divers » ? Une reconnaissance impensable il y a encore peu. Car, si dans le monde anglo-saxon, cet exercice a conquis sa légitimité depuis bien longtemps, le paysage littéraire français s'était davantage distingué, jusqu'à présent, par son extrême frilosité envers le fait divers (à l'exception notable du polar). Mais, en 2001, Emmanuel Carrère s'attaque à l'affaire Jean-Claude Romand. Et, de ce matériau, il compose une œuvre romanesque majeure, *L'Adversaire*, qui vient battre en brèche l'idée selon laquelle la grande littérature [...] ne peut écrire sur le fait divers. [...] Les affaires criminelles les plus célèbres sont ainsi opportunément prises d'assaut et revisitées. [...]

PHONÉTIQUE - Le son [z] et [s]

33. Écoutez les phrases et marquez si vous entendez le son [z] ou le son [s].
51

	J'entends [z]	J'entends [s]
a.		
b.		
c.		
d.		
e.		
f.		
g.		
h.		

34. Prononcez les phrases suivantes. Faites attention à bien prononcer les sons [z] et [s].

a. Il passe devant la case de Lise.
b. Impossible de trouver des desserts dans le désert.
c. Le pâtissier fait des sorbets de cerise.
d. Les enfants et les adultes aiment visiter les musées.
e. Seize jacinthes sèchent dans seize sachets secs.
f. Il y a quatorze roses roses dans ce vase.
g. Le désert du Sahara est un désert immense.
h. Zoé et Sarah vont au Zimbabwe en bus.

PHONÉTIQUE - Phonie – Graphie

35. À partir des phrases données et des exemples de l'unité, complétez les tableaux.

➕ **Le son [z] s'écrit :**

- *z* en début de mot. Exemples : _____
- _____ et _____ en intervocalique. Exemples : _____
- _____ dans tous les autres cas. Exemples : _____

➕ **Le son [s] s'écrit :**

- _____ en début de mot. Exemples : _____
- _____ en intervocalique. Exemples : _____
- _____ entre une consonne et une voyelle.
  Exemples : _____
- _____ en fin de mot. Exemples : _____
- _____ avant de *i* ou *e*. Exemples : _____
- _____ avant *i*, *o* ou *u*. Exemples : _____

Autoévaluation

Mes compétences à la fin de l'unité 6

Je suis capable de...	J'ai encore des difficultés à...	Je ne suis pas encore capable de...	
			exprimer la manière
			parler d'artisanat
			parler d'un parfum
			parler de compétences et de qualités requises
			exprimer continuité et interruption
			donner un avis sur une œuvre
			parler de faits divers
			parler de l'art

Mon bagage sur cette unité

1. **Qu'est-ce que vous avez appris sur la culture française et francophone ?**

   _____

   _____

   _____

2. **Qu'est-ce qui vous a le plus intéressé et / ou étonné ?**

   _____

   _____

3. **Qu'est-ce qui est différent par rapport à votre culture ? Et qu'est-ce qui est similaire ?**

   _____

   _____

4. **Vous aimeriez en savoir plus sur...**

   _____

   _____

Sur le bout de la langue

Halte au purisme de la langue

1. Écoutez cet extrait de reportage et répondez aux questions 🎧 52 suivantes.

a. Dans quelle ville dit-on *chocolatine* et pas *pain au chocolat* ?

Toulouse - Paris

b. En fonction des régions, quels sont les différents noms que l'on peut donner à ces objets ?

un *crayon gris*
crayon noir   *une serpière*   *sac*
un *crayon à papier*   *une pièce*   *pochon*
Paris   *un torchon*
poche

c. Selon le linguiste, à quoi servent les régionalismes linguistiques ? *Sachet*

Les derniers remparts pour affirmer son identité régionale.

Le passé simple

2. Soulignez tous les verbes au passé simple et donnez les infinitifs.

> Jusqu'à mes 12 ans, j'habitai dans une contrée reculée. J'avais toujours vécu là, dans la simplicité et dans la joie, auprès des miennes. Je n'avais jamais rencontré une personne provenant d'ailleurs.
>
> Y-avait-il même un ailleurs ? Mon entourage se limitait à ma grand-mère, ma mère, ma presque-mère et ma presque-sœur. Je fus donc très surprise, le jour de mon treizième anniversaire, quand j'aperçus au loin un groupe de personnes à l'apparence tout à fait sombre et singulière. Je courus rejoindre ma grand-mère et ma mère dans la maisonnette et leur décrivis ce que j'avais vu. Elles prirent toutes les deux un air entendu. Grand-mère me regarda les yeux emplis de larmes et me souhaita une belle vie avec une jolie petite Olle. Ma mère me serra et me tint dans ses bras en me murmurant que tout irait bien, que c'était dans l'ordre des choses, qu'elle serait là pour m'aider dans cette mission divine. Tout à coup, et malgré leurs propos qui se voulaient certainement rassurants, je sentis qu'un drame allait se produire...

Passé simple	Infinitif
j'habitai	*habiter*

3. Réécrivez le texte précédent jusqu'à « ce que j'avais vu » en changeant le pronom *je* par *elles*, et en faisant les transformations nécessaires.

Jusqu'à leur 12 ans, elles habitèrent

4. Écoutez cet extrait de reportage puis répondez par vrai ou 🎧 53 faux. Justifiez votre réponse.

a. Le ministre de l'Éducation est satisfait car, en général, les élèves maîtrisent le passé simple. V / F

b. Il est impossible de conjuguer les verbes défectifs comme *braire*, *traire* et *stupéfaire* au passé simple. V / F

c. Pour faciliter la lecture, dans certains livres, on remplace le passé simple par le passé composé. V / F

d. Le passé simple est surtout utilisé à la première personne du singulier. V / F

e. On utilise le passé simple pour marquer une action passée et instantanée. V / F

5. En petits groupes, jouez à ce mini-jeu , en suivant les règles.

Règles du jeu

Tous les membres du groupe commencent à la case DÉPART. Ce jeu se joue chacun son tour. À son tour, le joueur jette un dé et avance d'autant de cases que le nombre indiqué. Si le joueur tombe sur une case bleue, il doit conjuguer le verbe en question au passé simple avec le sujets proposé. En cas de bonne réponse, le joueur reste à sa place et attend le tour suivant pour rejouer. En cas de mauvaise réponse, il recule d'une case et attend le tour suivant pour rejouer. Si le joueur arrive sur une case rouge ou verte alors il doit suivre l'indication donnée. Pour gagner une partie, il faut arriver le premier à la case ARRIVÉE.

DÉPART	je / venir	il / marcher	elle / avoir	tu / donner	nous / croire	vous / aller	ils / sortir
tu / faire	je / dire	Échangez votre pion avec le joueur de votre choix !	nous / mettre	vous / tenir	Allez 5 cases dans le passé. C'est simple !	nous / être	je / savoir
elle / boire	elles / avoir	elle / se maquiller	tu / se raser	tu / entendre	vous / vouloir	nous / revenir	il / devoir
nous/ dormir	tu / manger	Avancez de 3 cases !	il / changer	je / pouvoir	STOP Un tour sans jouer !	il / pleurer	je / rire
vous / choisir	ils / tendre	je / finir	nous / prendre	tu / préparer	Retournez à la case DÉPART en méditant sur l'utilité du passé simple !		ARRIVÉE

6. Imaginez une petite histoire en utilisant un maximum de verbes de l'activité précédente.

La mise en relief

7. Reformulez les phrases suivantes pour mettre en avant une idée importante.

a. C'est important de bien écrire pour bien parler.
Qu'il est important de bien écrire pour bien parler.

b. Il faut écouter la radio en français.

c. C'est évident que la chanson est un excellent outil pour apprendre le français.

d. Il a amélioré ses capacités communicationnelles en utilisant des techniques de théâtre.

e. Nous sommes riches de toutes les cultures différentes de la francophonie.

f. Je suis certaine que le prof dont tu parles est compétent.

g. Je pense qu'il ne faut pas céder à la tentation d'aller sur Internet à chaque fois qu'on ne comprend pas un mot.

h. Les ateliers de conversation sont avantageux pour les élèves.

pronoms emphatique
C'est moi qui a
expressions emphatique *que Paul a trouvé*
c'est

8. Lisez le texte ci-dessous et entourez les éléments de mise en relief.

Chers amoureux de la langue française,

Nous faisons face depuis quelques années à la mondialisation ou devrais-je plutôt dire à l'invasion de la culture anglo-saxonne.

Ce que diront mes détracteurs, c'est qu 'il faut vivre avec son temps, que parler seulement français est désuet. Ces personnes se justifieront même en disant que les dictionnaires français contiennent des anglicismes. Mais ne leur a-t-il jamais traversé l'esprit que les maisons d'édition avaient dû céder à la mode pour rester dans le coup – ou « in » comme ils diraient – et vendre leurs dictionnaires ? Stupides qu'ils peuvent être parfois... Ce dont je suis convaincu, c'est bien de la modernité de la langue française !

Voici autre chose dont je voudrais vous faire part : pour moi, les plus fous, ce sont ceux qui soutiennent que le français est une langue inutile. Que cet argument est insensé ! N'oublions pas que c'est la 5e langue mondiale par le nombre de ses locuteurs, la 4e langue d'Internet et la 3e langue des affaires dans le monde. Connaître et maîtriser le français, voici une corde à mettre à son arc qui pourrait être profitable dans de nombreux cas.

Un autre argument soulevé par ceux qui s'en prennent à la langue française : le français est trop difficile. Ils s'indignent que pour un mot anglais il existe parfois une dizaine de nuances françaises. Pourtant, voilà la preuve que la langue française est riche et ce qu'ils n'ont pas compris, c'est que c'est cela qui la rend si belle. À force d'infidélités faites à la langue de Molière, nous risquons de mettre en péril sa première place dans le classement des langues les plus belles du monde.

Alors, ce que je souhaiterais, c'est qu'on cesse de parler le « franglais » à tout va. D'ailleurs, le plus ridicule c'est que, en croyant avoir l'air *cool*, certains utilisent des mots anglais avec un tel mauvais accent ou dans des situations tellement peu appropriées que les anglophones eux-mêmes ne comprendraient pas.

Tous les mots français ont leur saveur : testons-les, goûtons-les, savourons-les, partageons-les. Bref, aimons la langue de l'amour !

Lettre ouverte de Claude, défenseur de la langue française

9. Que pensez-vous de la phrase suivante ? Écrivez 6 phrases en utilisant 6 procédés de mise en relief différents.

Au 17e siècle, certains membres de l'Académie française pensaient que l'orthographe devait servir à distinguer les gens de lettres des ignorants et simples femmes.

— *Que cet argument est choquant !*

—————————————————
—————————————————
—————————————————
—————————————————

Comprendre et faire un débat

10. Écoutez le débat et répondez aux questions suivantes.

54 **a.** Sur quel sujet les intervenants débattent-ils ? Qui de Yann ou de Chimène est le / la plus puriste ?

....

b. Notez les arguments de Yann et Chimène concernant l'utilité ou l'inutilité de la dictée :

Les arguments de Yann	Les arguments de Chimène

c. Vrai ou Faux ? Yann trouve normal que les personnes qui font des fautes d'orthographe dans les lettres de motivation soient pénalisées. Justifiez votre réponse.

d. Avec qui êtes-vous le plus d'accord, avec Yann ou avec Chimène ? Justifiez votre réponse.

....

11. Réécoutez le document audio de l'activité précédente puis notez et classez dans ce tableau les expressions utiles pour un débat.

54

Pour donner son avis	
Pour montrer son accord	
Pour montrer son désaccord	
Pour articuler les arguments	
Pour donner la parole	

Les préfixes *in- (im-, il-, ir-)*

12. Reécrivez les phrases en gras à la forme affirmative à l'aide d'un adjectif formé d'un préfixe en *in-, ir-* ou *il-*.

a. Pourquoi écrit-on *honneur* avec deux *n-* et *honorer* avec un seul *n-* ? **Ce n'est vraiment pas compréhensible.**
C'est vraiment incompréhensible.

b. On écrit *bruit* et *crédit* car les verbes sont *bruiter* et *créditer*, mais on écrit *abri* sans T, alors que le verbe est *abriter*. **Ce n'est pas logique !**

c. Il y a 12 façons différentes d'écrire le son /s/. **Ça paraît presque pas réel...**

d. Avant la récente réforme de l'orthographe, **écrire des cure-dents n'était pas correct**. Pourtant, il fallait écrire des *coupe-ongles*. Bizarre...

e. *Alléger* prend deux *l* et *alourdir* n'en prend qu'un. **Ce n'est pas cohérent !**

f. Le mot *style* prend un *y* bien qu'il vienne du latin *stilus*. **Cet effet de style n'est pas explicable.**

13. Écoutez les phrases et reformulez à l'écrit comme dans l'exemple.
🎧 55

a. Elle trouve que *ce débat sur la féminisation des métiers n'est pas intéressant*.
b. Il considère que... _____
c. Elle croit que... _____
d. Il pense que... _____
e. Elle estime que... _____
f. Il est sûr que... _____

Les gestes et les mimiques

14. En petits groupes, une personne mime les actions suivantes et les autres doivent trouver de quelles actions il s'agit.

manger vouloir dormir ne rien comprendre

dormir compter téléphoner

15. En petits groupes, continuez l'activité précédente en choisissant d'autres actions.

16. Par deux, mettez-vous d'accord pour raconter une histoire à la classe. Un des deux la raconte juste avec les gestes et les mimiques et l'autre traduit l'histoire en mots.

Les registres de la langue

17. Imaginez des phrases qui contiennent ces expressions.

a. Bande de copains : _____

b. C'est ouf ! : _____

c. Des pompes : _____

18. Écoutez cet extrait d'émission de radio puis répondez aux questions suivantes.
🎧 56

a. Que veut dire *boloss* ? _____

b. Que font les auteurs des *Boloss des belles lettres* ?

c. Lisez le passage suivant et faites des hypothèses sur la signification des mots et expressions en gras. Vérifiez vos réponses sur Internet.
« C'est l'histoire d'**un keum** pas trop bien dans sa peau à l'école, il est absent et tout, **tu sens le malaise en lui**, il s'appelle Charles Bovary. Ensuite, il rencontre **une petite zouz** campagnarde **pas dégueulasse**, elle s'appelle Emma. C'est elle le héros, c'est Madame Bovary. Ils se marient, ils vont habiter dans une petite bourgade bien **paumée**. »

d. Vrai ou Faux ? Les auteurs des *Boloss des belles lettres* n'ont pas lu les œuvres dont ils parlent et ne sont pas très cultivés.

e. Quels sont les objectifs des auteurs ?

19. Proposez une reformulation des phrases suivantes dans un langage courant puis soutenu.

a. Il s'est fait embarquer dans une de ces galères, j'te dis pas comme c'est chaud !

b. On lui a chouravé son porte-monnaie dans le métro ! Elle est dég !

c. J'me suis fait téj par ma meuf ! Mais ma gueule, une de perdue, dix de retrouvées t'as vu !

d. Wesh mon pote ! Bien ou bien ? J'me barre avec mes vieux pendant 15 jours. Pour te la faire courte, on va passer nos vacs dans un bled de bourges !

Les figures de style

20. Quelles figures de style ont été utilisées dans ces textes ?

Cœur qui a tant rêvé,
Ô cœur charnel,
Ô cœur inachevé,
Cœur éternel
Charles Péguy

Alfred de Musset
Console-moi ce soir, je me meurs d'espérance.

Il faut manger pour vivre et non pas vivre pour manger.
Molière

21. Cherchez sur Internet les paroles des chansons suivantes et retrouvez-y les figures de styles utilisées.

Chanson	Chanteur / se	Figure de style	
Tu vois c'que j'vois	**Vanessa Paradis**	*Anaphore*	*Regarde bien l'horizon* *Regarde comme il est long* *Regarde comme il est clair*
Les voyages en train	**Grand Corps Malade**		
Alors on danse	**Stromae**		
Tu parles trop	**La Rue Kétanou**		
Caterpillar	**Souchon**		
Dès que le vent soufflera	**Renaud**		

Expressions avec le mot *langue*

22. Complétez les textes en utilisant une des expressions suivantes.

donner sa langue au chat   être une langue de vipère

avoir la langue bien pendue   tenir sa langue

avoir un mot sur le bout de la langue

> Surtout ne le répète pas à Emmanuelle ! Elle est incapable de _____ . À chaque fois qu'elle apprend quelque chose sur quelqu'un du coin, tu peux être sûr que le quartier entier est au courant dans l'heure qui suit.
> Ah je vois …. Elle _____ !
> Oh oui ! Elle aime parler d'elle et surtout, elle adore faire des histoires en parlant des autres. En plus, souvent, elle en rajoute ! C'_____ ! Elle n'est pas digne de confiance et … pas très sympa !

> La capitale du Kirghizistan ? Oui, je sais ! C'est … Biek, Balek … non Bitek … Je l'_____ . Binek ?
> Bon, ça fait 5 minutes que tu galères. Tu _____ ?
> Non, non … attends ! Bichek … Ah non ! Ça y'est ! J'ai trouvé !!! C'est BICHKEK !

Faire un exposé

23. Numérotez dans l'ordre les étapes à suivre pour faire un exposé.

Répondre aux éventuelles questions	
Remercier le public	
Choisir un sujet	
Conclure	
S'échauffer, faire des exercices de respiration	
Faire une présentation agréable, avec un support	
Sélectionner le plan le plus adapté au sujet	
Rédiger des notes synthétiques et organisées	
Préparer le matériel	
Poser en introduction une question qui résume le thème de l'exposé	
Annoncer le plan	
Faire des phrases courtes, utiliser un vocabulaire simple, répéter les arguments principaux, faire des transitions	
Faire des recherches et sélectionner les informations pertinentes	

24. Par deux, choisissez un pays francophone et préparez sa présentation sous la forme d'un exposé devant la classe. Répétez ensemble pour définir la rythmique, les intonations, les pauses et les gestes. Les autres camarades devront évaluer l'exposé de 0 à 5 avec cette grille.

Critères	Note
Le contenu est intéressant.	
La façon de présenter est originale.	
Les supports visuels sont pertinents.	
Le locuteur maîtrise bien le sujet.	
La posture et les gestes sont bons.	
Les pauses sont bien placées.	
La voix et la vitesse sont bien adaptées.	
Le regard du locuteur capte l'attention des interlocuteurs.	
Les phrases sont bien structurées.	
Le choix du vocabulaire est juste.	
L'interaction avec l'auditoire est bonne.	

Prosodie - L'accent d'insistance

25. Écoutez et soulignez les accents qui ne correspondent pas aux accents habituels du français. Puis complétez l'encadré.
🎧 57

– Votre réaction, Leila Slimani ?
– Il a totalement raison. Moi, je pense qu'il a vraiment… il met le doigt sur quelque chose qui est essentiel, c'est-à-dire sur la valorisation de la diversité. Il faut pas penser la francophonie comme une espèce de chose où la France serait au centre. On aurait cet hexagone qui serait central et puis une périphérie comme ça, un peu ghettoïsée dans laquelle il y aurait des artistes qui parleraient français. C'est pas du tout ça. Je pense qu'aujourd'hui vraiment, la modernité de la francophonie c'est de penser à un espace divers, dans lequel cette langue fait lien, et dans lequel il y a des artistes de même qualité, de même force, et dont la langue finalement permet justement de faire émerger des artistes qui pourraient avoir du mal. Donc diversité, décentralisation, il a absolument raison.
– Pourquoi avez-vous accepté cette mission, Leila Slimani ? Comment vous êtes-vous dit que finalement, vous aviez quelque chose à apporter à la francophonie et au français ?
– Ça c'est une excellente question. D'ailleurs, on ne me l'a jamais posée, mais c'est une excellente question. Et bien, j'ai accepté parce qu'un jour, quand je venais de sortir mon livre *Sexe et mensonges*, j'ai fait une émission à… Voilà, *Sexe et mensonges* qui parle de la sexualité des femmes au Maroc. J'ai fait deux émissions à la suite. Une émission en France et une émission au Maroc. En France, je me suis trouvée dans une émission avec quelqu'un qui m'a dit : « Mais pourquoi vous écrivez en français ? Et finalement vous écrivez en français. Mais si vous écrivez sur le Maroc en français, ça n'a aucun sens. » Niant complètement le fait qu'au Maroc il y a une culture francophone et que le Maghreb est une région du monde plurilingue, où on parle plusieurs langues. Et ensuite je suis arrivée au Maroc, de nouveau j'ai présenté le livre et je me suis trouvée face à un journaliste qui m'a fait le même reproche : « Mais finalement, vous êtes une colonisée, vous êtes une traître. Vous, vous êtes une occidentalisée. » Et je me suis dit, mais c'est quand-même incroyable qu'en 2017… en 2018 on soit obligé encore de se justifier quand on fait le choix d'une langue et quand on vit dans un monde qui est à ce point globalisé, ouvert, où on parle plusieurs langues. Moi, le français, c'est ma langue. Et je trouve ça triste qu'on soit encore dans ce vieux schéma. Donc j'ai envie, voilà, de pousser et de soutenir une vision différente, désidéologisée de la langue, où on peut parler plein de langues en même temps sans avoir constamment à se justifier. Donc, je crois que c'est ça qui m'a vraiment convaincue.

> Parfois, pour souligner des idées importantes dans notre exposé ou notre argumentation, nous ajoutons des accents qui ne correspondent pas aux accents réguliers du français (longs et à la fin du groupe rythmique). Ce sont des accents d'insistance. Cet accent d'insistance est .... que l'accent régulier et il se place en général .... du mot sur lequel nous souhaitons insister.

26. Écoutez les phrases et soulignez les accents d'insistance que vous entendez.
🎧 58

a. Mais c'est incroyable que tu veuilles toujours avoir raison.

b. Chaque fois que nous voulons entrer dans ce musée, il est fermé.

c. Parler au moins une langue étrangère est indispensable à tout professionnel.

d. Un nombre important d'étudiants de français trouvent que la prononciation est difficile.

e. La francophonie ne consiste pas à parler le français mais à aimer la langue et les cultures francophones.

f. Le français est une bonne alternative à l'hégémonie de cette langue envahissante qu'est l'anglais.

g. Apprendre une langue est non seulement l'apprentissage de la grammaire et du lexique, mais découvrir la manière de vivre des gens qui la parlent.

h. La communication ne passe pas uniquement par les mots, mais aussi par les mouvements du corps.

27. Répétez les phrases en respectant les accents d'insistance.

28. Écoutez et répétez ces phrases en marquant bien les accents d'insistance.
🎧 59

a. Mais c'est incroyable !

b. C'est extrêmement difficile !

c. Il est absolument odieux !

d. Ce problème est totalement absurde.

e. Mais, écoutez ce que je vous dis !

f. C'est inouï ce que le gouvernement veut faire !

g. C'est en forgeant qu'on devient forgeron.

h. Si vous voulez transformer le monde, allez-y !

29. Lisez le texte suivant, marquez les mots qui vous semblent importants et puis lisez-le de nouveau à voix haute en marquant les accents d'insistance.

On le sait, la communication ne passe pas uniquement par les mots mais aussi par les inflexions de la voix, les mimiques du visage et les gestes. Il n'existe pas une « langue des gestes », mais ils sont une composante essentielle du langage. Certains sont utilisés pour accompagner la parole ou pour appuyer un détail du discours, comme quand on pointe du doigt un objet dont on est en train de parler. D'autres structurent le discours, le marquent telle une ponctuation pour faciliter l'expression orale. Les hommes et femmes politiques ont souvent recours à ce type de communication non verbale, notamment lorsqu'ils lèvent le poing en signe de détermination. Il existe enfin une dernière catégorie de gestes, ceux qui remplacent un mot ou une expression et qui rendent la parole inutile. Cela dit, cette gestuelle est rarement universelle. Elle n'est comprise que par des personnes partageant la même culture et peut être mal interprétée par les autres. Les émotions, elles, passent par les mimiques faciales. Par exemple, dans de nombreux pays, une grimace peut révéler un sentiment de dégoût et le haussement des sourcils montrer la surprise.

PHONÉTIQUE : Les sons [ʀ] et [l]

30. Écoutez les phrases et marquez si vous entendez le son [ʀ] ou le son [l].
🎧 60

	J'entends [ʀ]	J'entends [l]
a.		
b.		
c.		
d.		
e.		
f.		
g.		

31. Prononcez les phrases suivantes en faisant bien attention à bien prononcer le [ʀ]

a. Regarde le gros chien qui ronfle.
b. Le dragon rit derrière la souris.
c. Le Roi Dagobert ronfle fort et se réveille.
d. Un gros rat court derrière la rampe.
e. Les râleurs râlent pour râler.
f. Cette grosse raie brille au soleil.

Il y a plusieurs manières de prononcer le son [ʀ] en français, selon la région où le pays. C'est un son prononcé au niveau de la glotte (la gorge). Si vous avez des problèmes pour le prononcer, prenez une sucette et mettez-la au milieu de votre bouche, retenez votre langue vers le bas et prononcez [RRRRRRRRR]. Vous trouverez que c'est bien plus facile.

Autoévaluation

Mes compétences à la fin de l'unité 7

Je suis capable de...	J'ai encore des difficultés à...	Je ne suis pas encore capable de...	
			parler des difficultés de la langue française
			argumenter, structurer un discours
			interpeller, réagir
			débattre
			échanger sur la gestuelle
			manipuler les registres de langue
			adapter mon langage

Mon bagage sur cette unité

1. Qu'est-ce que vous avez appris sur la culture française et francophone ?

2. Qu'est-ce qui vous a le plus intéressé et / ou étonné ?

3. Qu'est-ce qui est différent par rapport à votre culture ? Et qu'est-ce qui est similaire ?

4. Vous aimeriez en savoir plus sur...

La règle du jeu

Le marché des jouets

1. Écoutez le début de cette émission et répondez à la devinette proposée.
🎧 61

2. Écoutez la suite de l'émission et répondez aux questions.
🎧 62

a. Qu'est-ce qui caractérise les dernières versions du jouet ?

....

b. Quel message marketing la marque de ce jouet souhaite faire passer ?

....

c. Qu'est-ce qui motive la stratégie marketing de la marque ? (deux réponses)

....

....

d. Qu'est-ce qui a été reproché au jouet ? (trois réponses)

....

....

e. Comment la marque a réagi à ces reproches ? (trois réponses)

....

....

....

f. Quelles maladresses ont été commises par la marque ? (trois réponses)

....

....

....

g. Quel est le point de vue de la sociologue sur l'influence de ce jouet sur les enfants ? Quels sont ses arguments ?

....

....

....

h. Que montre la dernière étude citée par la sociologue ? Quelle interprétation peut-on en faire ?

....

....

....

Les jeux et le matériel

3. Complétez la grille de mots croisés avec le matériel représenté sur les photos.

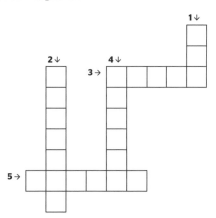

4. À l'aide des anagrammes, retrouvez cinq verbes d'action. Associez-les aux images de l'activité précédente.

ARCLEPED

EHCOPIR

NACREL

TERIMOBE

LISTNREAL

5. Connaissez-vous d'autres verbes associés aux jeux ? Si oui, proposez à votre tour des anagrammes pour les faire deviner aux autres étudiants.

6. Écrivez les mots correspondants aux définitions dans les cercles, dans le sens des aiguilles d'une montre. La première lettre de chaque mot est indiquée.

P

Qualité requise pour certains jeux comme les puzzles

P
Idée de base d'un jeu

É
Caractérise un jeu où l'on apprend quelque chose

T
Personne qui ne respecte pas les règles du jeu

A
Caractérise des jeux particulièrement conviviaux

7. Rédigez une phrase où vous utiliserez un maximum des mots trouvés.

Expliquer des règles de jeux

8. Écoutez ce document et écrivez le nom de chaque jeu sous la photo qui correspond.

63

9. Réécoutez le document de l'activité précédente et complétez le tableau.

63

Type de jeu		
Nombre de joueurs		
Matériel		
But du jeu		

10. À vous ! Expliquez les règles de votre jeu de société préféré.

Les indéfinis

11. Répondez négativement en utilisant un indéfini. Il y a parfois plusieurs possibilités.

a. Votre ami a-t-il des enfants ?
Non, il n'en a aucun.

b. Vous les avez tous appelés ?

c. Vous allez quelque part cet été ?

d. Est-ce que quelque chose vous préoccupe ?

e. Ce chien appartient à quelqu'un ?

f. Vous connaissez quelqu'un dans ce quartier ?

g. Certains de nos employés se sont-ils excusés de cette maladresse ?

h. Vous avez tout entendu ?

i. Vous avez fait seulement cet exercice ?

j. Vous avez besoin de quelque chose ?

12. Complétez ce texte en utilisant des expressions avec *n'importe*. Attention ! Vous ne pouvez utiliser la même expression qu'une seule fois.

« Je ne veux plus jouer avec lui aux échecs. Il joue vraiment .... !
Il place ses pions .... sur le plateau.
Il fait vraiment .... : il déplace le cheval en ligne droite et le roi de plusieurs cases !
Il n'attend même pas son tour : il joue .... !
En plus, il prend .... pion ! Les blancs ou les noirs, il n'y fait même pas attention.
Je ne veux plus jouer avec lui. Je suis un champion, moi. Je ne joue pas avec .... »

13. Lisez le tableau et commentez les données en utilisant les adjectifs ou pronoms indéfinis suivants.

aucun/e	certains	d'autres	pas un	chaque

La plupart	nul	chacun/e	personne	rien

Ludothèque de Villenave-sur-l'Eau

Type de jeux	Disponibles	Nombre d'emprunts	Nombre d'utilisations sur place
Jeux de stratégie	32	19	12
Jeux d'adresse	18	13	43
Jeux de hasard	14	7	17
Jeux de placement	11	0	13
Jeux d'ambiance	7	8	27
Jeux de lettres	4	0	0
Autres jeux	4	2	0

Certains jeux d'ambiance ont été empruntés mais la plupart ont été utilisés sur place...

Les expressions du jeu

14. Lisez le texte et remplacez les images par des mots.

J'ai rencontré Marcus Belin au lycée. Je le détestais. J'étais jaloux. Ses résultats étaient médiocres et sur ce point, je lui damais le parce que moi j'étais plutôt brillant. Par contre, avec les filles, c'est lui qui raflait la à chaque fois. Avec le recul, c'était pas très surprenant : il était beau gosse et moi, j'étais toujours habillé comme . En plus, je ne savais pas du tout m'y prendre avec les filles. J'arrivais toujours vers elles comme un chien dans un jeu de sans jamais trouver quoi leur dire d'intéressant. Depuis le collège, j'étais secrètement amoureux de Lise Belette, comme presque tous les garçons du lycée. Un jour, je suis allée la voir, en tête, et je lui ai déclaré ma flamme. Contre toute attente, elle a accepté de sortir avec moi ! C'était vraiment un coup de . J'étais fier de sortir avec elle et surtout j'étais dingue amoureux. Ce que je ne savais pas encore, c'est que c'était une mauvaise , aussi belle qu'elle était. J'étais son et elle faisait de moi tout ce qu'elle voulait. Et puis aussi, les étaient pipés : elle sortait avec un autre gars, un type plein aux qui roulait en Jaguar. C'est Marcus Belin qui m'a sauvé la , figurez-vous ! Il les avait vus ensemble à la sortie du lycée. Alors, il est venu me voir sous prétexte de me poser une question sur le cours de maths et il a fini par mettre ça sur le . J'ai quitté Lise, triste mais digne. J'étais vraiment reconnaissant envers Marcus et je me suis promis de lui renvoyer la . C'est ce jour-là, je crois, qu'il est devenu mon meilleur ami.

15. Retrouvez dans le texte de l'exercice précédent les expressions idiomatiques correspondant aux définitions suivantes.

a. Il y a tromperie : ....
b. Une opération hasardeuse : ....
c. Un mauvaix choix : ....
d. Très riche : ....
e. Mal habillé : ....
f. Avec audace : ....
g. De manière incongrue : ....

h. Faire à quelqu'un ce qu'il nous a fait : ....
i. Aborder un sujet : ....
j. Surpasser quelqu'un : ....
k. Être manipulé par quelqu'un : ....
l. Aider une personne en difficulté : ....
m. Tout gagner : ....

La *gamification*

16. Écoutez ce dialogue entre un jeune homme et son père et répondez aux questions.
🎧 64

a. Pour le père de Léo, quel est le seul objectif de la *gamification* ?
....

b. Que pense-t-il du fait que l'entreprise de Léo y ait recours ?
....

c. Qu'en pense Léo ? Quels sont ses arguments ?
....

d. Selon Léo, pourquoi son père est mal placé pour juger la situation ?
....

e. Comment son père imagine l'évolution de la situation ?
....

Exprimer le but

17. Associez les actions et les intentions à chaque personnage. Rédigez des phrases en utilisant différentes expressions. Faites les transformations nécessaires.

ACTIONS	INTENTIONS
• Se faire souvent livrer des plats à domicile.	• Être toujours en mouvement.
• S'inscrire à beaucoup d'activités.	• Contrôler tous ses appareils depuis son canapé.
• Voyager beaucoup.	• Avoir toujours quelque chose à faire.
• Acheter de la vaisselle en plastique.	• Ne jamais rester seul.
• Avoir plusieurs télécommandes.	• Ne pas laver la vaisselle.
• Tout noter sur son agenda.	• Se déplacer le moins possible.
• Sortir tous les soirs.	• S'assurer que son emploi du temps est saturé.
• Laisser un oreiller et une couette sur son canapé.	• Ne pas cuisiner.

UN HOMME QUI A PEUR DE L'ENNUI	*Il cherche à ne jamais rester seul en sortant tous les soirs.*
UNE LOQUE QUI N'A ENVIE DE RIEN	

18. Complétez les phrases suivantes.

a. Certaines personnes conduisent très vite de crainte...
d'arriver en retard.
D'autres le font pour... *avoir des sensations fortes.*

b. Certaines personnes travaillent beaucoup de peur...

D'autres besognent dans l'espoir...

c. Certaines personnes émigrent de crainte...

D'autres s'expatrient de façon...

d. Certaines personnes font des cadeaux de peur...

D'autres en offrent afin...

e. Certaines personnes sont aimables de crainte...

D'autres le sont de manière...

f. Certains personnes se marient de peur...

D'autres s'unissent dans l'intention...

19. Échangez en petits groupes. Variez les formulations.

Pourquoi étudiez-vous le français ?
À quelle fin pourriez-vous donner votre vie ?
Quelle qualité voudriez-vous avoir ? À quelle fin ?
Dans quel but seriez-vous prêt à changer de travail ou d'études ?
Quelle compétences aimeriez-vous développer ? Dans quel but ?
Dans quel objectif pourriez-vous changer de pays ?
Quel objet aimeriez-vous acheter ? Pourquoi ?
À qui téléphonez-vous le plus souvent ? À quelle fin ?
Quel aménagement aimeriez-vous faire chez vous ? Dans quel objectif ?
Quand avez-vous menti la dernière fois ? Que cherchiez-vous ?
Quel est le dernier conseil que vous ayez donné à quelqu'un ? Que visiez-vous ?

L'ennui

20. Écoutez la chronique et cochez les bonnes réponses (plusieurs réponses sont parfois possibles). 65

a. Le livre d'Émilie Devienne vise à :
☐ revaloriser l'ennui.
☐ éradiquer l'ennui.
☐ comprendre l'ennui.

b. Quelle est la différence entre ne rien faire et s'ennuyer ?
☐ S'ennuyer est la conséquence de ne rien faire.
☐ Ne rien faire est un acte choisi, l'ennui s'éprouve.
☐ Le fait de s'ennuyer est pathologique, le fait de ne rien faire est sain.

c. Selon la psychologue, que doit-on faire face à l'ennui ?
☐ Le subir.
☐ L'accepter.
☐ Le tromper.
☐ L'analyser.

d. Que doit permettre l'ennui ?
☐ Apprendre à accepter ce qu'on nous propose.
☐ Culpabiliser afin de réfléchir à des solutions.
☐ Comprendre qu'il y a un problème et redéfinir ses besoins.

21. Complétez les grilles et découvrez la phrase mystère grâce aux définitions.

a. État de celui qui n'a envie de rien.

1	13	1	8	4	9	11
A		A				

b. Quand le temps ne passe pas vite, il nous semble... comme un jour sans fin.

2	10	7	15

c. Synonyme de paresse.

3	2	11	6	6	11

d. Quand on ne fait rien, on se les tourne.

13	10	5	14	11	12

e. Quand on s'enquiquine trop, on peut... l'ennui en s'occupant.

8	5	11	16

Phrase mystère :

| 2 | . | 11 | 7 | 7 | 5 | 9 | | 3 | 16 | 1 A | 13 | 13 | 11 |

| 13 | 1 A | 16 | 8 | 9 | 14 | 5 | 2 | 9 | 11 | 16 | 11 | 6 | 11 | 7 | 8 |

| 2 | 11 | 12 | | 15 | 11 | 7 | 11 | 16 | 1 | 8 | 9 A | 10 | 7 | 12 |

| 12 | 6 | 1 A | 16 | 8 | 13 | 4 | 10 | 7 | 11 |

22. En petits groupes, improvisez un débat sur la phrase mystère de l'activité précédente. L'objectif est d'être le premier à avoir utilisé toutes les expressions de la grille. Cochez-les au fur et à mesure que vous les employez dans la conversation. Attention, vous ne pouvez utiliser qu'une seule expression par tour de parole.

Le bingo des expressions

○ La flemme		○ Tromper l'ennui
○ S'emmerder	○ Long comme un jour sans fin	
	○ S'ennuyer comme un rat mort	○ Se tourner les pouces
○ Ne pas savoir quoi faire	○ Chiant comme la pluie	○ S'enquiquiner à mort

23. Reformulez les phrases en utilisant un mot en -*ification*. Faites tous les changements nécessaires.

a. Les salariés ont demandé qu'on rende nos intentions plus claires.
Les salariés ont demandé une clarification de nos intentions.

b. Comment justifie-t-il son comportement ?

c. Dans une ludothèque, classifier les jeux est une tâche difficile.

d. Que signifie le mot *édumusement* ?

e. Il est nécessaire de rectifier cette information.

f. Rendre l'eau courante plus pure est un objectif majeur.

g. Ne modifiez pas le logiciel. C'est inutile.

Faire une synthèse

24. Relisez les textes des pages 46 et 47 ainsi que le tweet de la page 48 du *Livre de l'élève* et répondez aux questions.

a. Quel est le thème commun de ces 3 documents ? ....

b. Complétez ce tableau pour confronter les idées principales des trois documents.

	Document **A**	Document **B**	Document **C**
Type de document		*Article de presse en ligne*	
Thème 1 :	*Triste constat : « le colonialisme se poursuit à travers la mode, la culture et les médias... »*		*Les coupes afro sont « négligées »*
Thème 2 : *La responsabilité des médias*		*Les cheveux afro rentrent enfin « dans le paysage médiatique »*	
Thème 3 :	*La femme noire a « perdu ses repères » et souhaite ressembler aux femmes occidentales*		
Thème 4 :		*Certaines femmes sont « victimes de produits nocifs »*	*Les femmes doivent discipliner leur cheveux quitte à utiliser des produits nocifs (idée implicite)*
Thème 5 : *Beauté et identité culturelle*	*Les femmes noires doivent préserver leur identité culturelle*		

c. À quelle problématique répondent le mieux les idées de ces différents textes :
☐ Les femmes noires doivent-elles se conformer aux standards de beauté occidentaux ?
☐ Quel est l'impact des standards de beauté occidentaux sur les femmes noires ?
☐ La colonisation est-elle responsable de la dévalorisation des beautés noires ?

d. Élaborez un plan qui vous permettra de répondre à cette problématique, puis rédigez la synthèse de ces 3 documents en suivant les conseils du *Livre de l'élève*.

PROSODIE - Les liaisons et enchaînements

25. Écoutez le début de l'émission radio sur les bienfaits des jeux et séparez les groupes rythmiques par des barres (/).
66

– Merci d'être réactif et de twitter, comme Jean-Pierre qui nous écoute et qui nous dit : « Jouer permet de passer du bon temps en famille et ça apaise les enfants avant d'aller au lit quand ils acceptent de perdre. » Alors, message personnel à toi Yanis, mon fils que j'adore : si tu pouvais devenir un bon perdant, ça serait tellement plus sympa le week-end quand on fait des jeux de société ensemble ! On en apprend tellement sur nous-mêmes, sur notre entourage et notamment sur nos enfants quand on joue. Alain Boussou, c'est fou comme le jeu révèle des parties de nous un peu obscures que notre entourage ne soupçonnait pas forcément.

– Justement, dans le jeu on peut être quelqu'un qu'on n'est pas dans la vie réelle. Si on est très gentil dans la vie réelle, on peut l'être un peu moins et faire sortir sa part de méchanceté et beaucoup d'autres choses dans le jeu. Pour un enfant, ça va être aussi l'occasion de tester ses capacités parce qu'il se croit le maître du monde, et puis bon, malheureusement, le jeu va révéler qu'il a encore du chemin à faire pour grandir et pour devenir adulte. Et puis le jeu va apprendre à perdre aussi parce que, malheureusement, plus on perd, et bien plus on est capable d'encaisser ce moment, cette souffrance. Bon, on apprend aussi à gagner et à temporiser, le jeu fait partie de ça.

26. Réécoutez l'émission et marquez les unions que vous entendez entre les mots à l'intérieur de chaque groupe rythmique ou entre les groupes rythmiques.
66

> Une caractéristique du français est que les groupes rythmiques doivent se prononcer ensemble, comme un seul mot. Cela provoque deux types de phénomènes :
> • La liaison, lorsque deux mots sont liés par une consonne qui normalement ne devrait pas être prononcée. La liaison se fait avec les sons [z], [t], [n]. Exemple : *Nous allons*.
> • L'enchaînement vocalique ou consonantique lorsqu'on lie la consonne prononcée d'un mot à la voyelle du mot qui le suit ou la dernière voyelle d'un mot avec la première voyelle du mot qui le suit, comme si c'était une syllabe. Exemple : *ça apaise ou bien Pour un enfant*.

27. Écoutez les phrases suivantes et marquez les liaisons que vous entendez.
67

a. En Europe, comme en Afrique, les fillettes aiment jouer avec des poupées.

b. Quand on est une maman, on aime voir ses enfants heureux.

c. Le marché des poupées en Afrique est encore jeune.

d. Sophie la girafe est un jouet incontournable dans la vie des bébés français.

e. En plus de jouer, les enfants utilisent leurs jouets pour apprendre.

f. Aux Antilles, les petits jouent avec des graines et des petites pierres.

g. Les jeux avec de petits copains sont à l'origine de la socialisation des enfants.

h. Une société qui ne joue pas est une société triste.

28. Répétez les phrases en faisant bien attention à reproduire les liaisons.

> Il y a des liaisons obligatoires et facultatives. Les liaisons à l'intérieur du groupe rythmique sont obligatoires. Exemple : *Les petits enfants / aiment jouer.*
> Mais elles sont facultatives entre deux groupes rythmiques. Exemple : *Les petits enfants / aiment jouer* (liaison facultative).
> Il y a aussi des liaisons interdites : entre « et » et le mot qui le suit et entre « huit » et « onze » et le mot qui les précède et avec un « h » aspiré. Exemple : *les onze mille vierges, des héros, un hibou*.

29. Lisez le texte suivant en faisant bien attention à prononcer les liaisons obligatoires.

L'ennui booste la créativité

Se poser seul, chez soi, sans aucune occupation ou distraction, oui c'est parfois angoissant. Pourtant ces instants sont très importants pour reposer notre cerveau et laisser libre cours à nos pensées et à notre imagination. Une étude réalisée en 2013 par deux chercheurs britanniques a d'ailleurs démontré l'importance de l'ennui dans le développement de la créativité. Selon les résultats de ces recherches, les personnes qui accomplissent un travail ennuyeux, comme recopier des numéros de téléphone, avant de passer à une activité créative, réussissent bien mieux cette deuxième tâche que les gens qui se lancent directement dans un exercice d'imagination.

30. Écoutez les phrases et marquez les enchaînements que vous entendez.
68

a. Bonjour Édouard, bonjour Agnès.

b. Face aux problèmes de la vie actuelle, le jeu représente une solution.

c. Une éducatrice américaine propose des jeux adaptés à chaque enfant.

d. Trente euros est un prix raisonnable pour une poupée ?

e. Les dames chinoises se jouent sur un damier perforé pour y mettre des billes de couleurs.

f. Garçons et filles aiment jouer avec des ballons.

g. À Amsterdam, les jeunes gens adorent patiner.

31. Répétez les phrases en faisant bien attention aux enchaînements.

PHONÉTIQUE - Les sons [p] et [b]

32. Écoutez les phrases et cochez si vous entendez le son [p] ou le son [b].
69

	J'entends [p]	J'entends [b]
a.		
b.		
c.		
d.		
e.		
f.		
g.		

33. Écoutez les phrases suivantes et prononcez-les en faisant bien attention à la prononciation de [p] et de [b].

🎧 70

a. Pierre est brésilien. Il habite à Bali.

b. La pie est un oiseau bavard.

c. Parle ! et ne baille pas.

d. Mon pépé va au bal avec Béatrice.

Les deux consonnes se prononcent avec la bouche fermée, mais le [p] requiert plus de tension (force) pour sa prononciation.

34. Répétez les phrases.

a. Pour aller de Paris à Bari en bus, pas de problème.

b. Parlons un peu de Berlin et de Brasilia.

c. Pauvre petit pêcheur, prend patience pour pouvoir prendre plusieurs petits poissons.

d. Pauvre Béatrice, elle parle et personne ne bouge.

Autoévaluation

Mes compétences à la fin de l'unité 8

Je suis capable de...	J'ai encore des difficultés à...	Je ne suis pas encore capable de...	
			échanger sur les jouets et leurs caractéristiques
			expliquer une règle de jeu
			créer des règles de jeu
			parler de la ludification de la société
			parler de l'ennui

Mon bagage sur cette unité

1. Qu'est-ce que vous avez appris sur la culture française et francophone ?

....

....

....

....

2. Qu'est-ce qui vous a le plus intéressé et / ou étonné ?

....

....

....

....

3. Qu'est-ce qui est différent par rapport à votre culture ? Et qu'est-ce qui est similaire ?

....

....

....

....

4. Vous aimeriez en savoir plus sur...

....

....

....

....

Mort
de rire

Parler de ce qui nous fait rire

1. Remettez les lettres dans l'ordre pour trouver des mots.

glabues	rétipare	schkets

blagues

visaproimtion	techchat	senvan

quermoie	siauondétori

2. Complétez le texte avec les mots trouvés dans l'activité précédente.

« Margot, j'ai toujours su qu'elle deviendrait humoriste !
Petite, elle était en admiration devant certains comédiens
ou humoristes et elle tenait un petit carnet dans lequel
elle notait toutes les *blagues* ou anecdotes qu'elle trouvait
amusantes. Très tôt, elle a commencé à écrire ses petits
.... Elle disait "ce sont les gens qui
m'inspirent" . Elle a toujours profondément aimé les gens.
Elle les observait, allait à leur rencontre très facilement,
leur posait mille questions. Oui, Margot c'était et c'est
toujours la reine de la .... ! Elle aime
faire rire mais elle n'utilise jamais la .... :
elle s'interdit de faire des .... pourries et
irrespectueuses qui pourraient blesser.
Éventuellement, elle rit d'elle-même et pour moi, cette
.... , qu'elle peut parfois avoir, est une
preuve d'intelligence. Enfin, une autre grande qualité qu'elle
a, c'est son sens de la .... : elle a une
réponse à tout et aucune situation ou rencontre ne lui fait
peur. Elle a dû acquérir cette capacité lors de ses cours
d'........................ ... quoique ça ne m'étonnerait pas
que ce soit inné ! »

3. Pour chaque phrase, entourez la bonne expression.

a. En 2017, il a déjà reçu une distinction comme meilleur
auteur francophone vivant, et encore une fois, Alexis
Michalik **fait un bide / fait un carton** avec sa nouvelle
pièce.
b. Cette humoriste qui dénonce les travers de la société **fait
l'effet papillon / fait mouche**. Tout le monde s'accorde à
dire qu'elle vise juste dans ses critiques.
c. Cette chaîne YouTube qui révèle les plagiats chez les
humoristes a **fait l'effet d'une bombe / fait rire**. Depuis,
beaucoup de Français, déçus, ont changé leur regard sur
leurs humoristes préférés.
d. En jouant des personnages trop caricaturaux, ces
comédiens ont **fait un bide / fait mouche**. C'est même la
première fois que ça arrive, mais j'ai vu trois personnes
sortir de la salle avant la fin du spectacle.

Parler du stand-up

4. Écoutez cet extrait d'émission de radio et répondez aux
questions.
71

a. Citez deux cas dans lesquels regarder un spectacle de
stand-up tout en restant chez soi peut s'avérer profitable.
....

b. Quelles sont les deux manières de regarder du *stand-up*
sur Internet ?
....

c. Quelles sont les deux limites évoquées concernant cette
consommation de spectacles en ligne ?
....

d. En réaction à ces problématiques, qu'ont proposé les
humoristes Harun et Vérino ?
....

e. Quel problème peut-on rencontrer quand on regarde un
spectacle à la maison ?
....

Les figures de style (2)

5. Créez des antiphrases comme dans l'exemple.

a. Passer son temps devant la télévision / réussir les
examens
*Continue à passer ton temps devant la télévision ! Tu as
raison, c'est exactement comme ça que tu vas réussir tes
examens !*
b. Faire la cuisine / ne pas ranger et ne pas faire la vaisselle
....

c. Une famille de quatre personnes / un appartement de
20 m²
....

d. Manger beaucoup / rester mince
....

e. Une très mauvaise météo / une balade en forêt
....

6. Cherchez et regardez sur Internet la vidéo de l'OIF qui a
pour titre *Indestructible*.

a. Aimez-vous cette vidéo ? Justifiez votre réponse.
....

b. Faites un petit résumé de cette vidéo.
....

c. Sur quoi la métaphore dans cette vidéo porte-t-elle ?
....

S'amuser avec les mots

7. Remplacez les mots en italique par des jeux de mots.

a. Les mots rendent *l'écrivain*.
Les mots rendent les cris vains.

b. Trop manger est un péché. C'est ce que les *gourmandises*...

c. On ne peut pas dire que ce roman de Tolstoï ne soit *Guerre et Paix*.

d. La politique est louche car *les lunettes* n'existent pas.

e. Les bricoleurs du dimanche en ont *marteau*.

f. Il faut faire attention à l'eau car *l'obus* éclate.

La mise en relief (2)

8. Lisez ces commentaires d'internautes et soulignez les éléments de mise en relief.

QUEL/LE A ÉTÉ VOTRE HUMORISTE PRÉFÉRÉ/E EN 2019 ?

rara95

Antonia de Rendinger ! Elle est vraiment hilarante , elle ! Son dernier spectacle , je l' ai vu à trois reprises et à chaque fois, certains sketchs m'ont fait pleurer de rire !

Clodoveo

Pour moi, sans hésiter c'est Stéphane De Groodt pour sa plume affûtée. Ce mec, il joue avec les mots comme personne d'autre ! Lisez ça, c'est une phrase extraite de son dernier livre : *Si le temps n'existe pas, quel leurre est-il ?* J'adore !

Quinquin@76

Je vote pour Gaspard Proust ! Lui, il est hyper cynique. On aime ou on déteste mais moi, c'est tout à fait mon style !

paddy_et_nanny

Notre fille nous a offert des places pour aller voir Arnaud Hœdt et Jérôme Piron, deux anciens professeurs qui ont fait un spectacle dans lequel ils parlent de l'orthographe avec beaucoup d'humour. Ils sont très doués et très décomplexants, ces deux garçons.

9. Et vous, quel a été votre humoriste ou votre personnalité préférée en 2019 ? Utilisez la mise en relief et parlez-en en petits groupes.

Les ressorts humoristiques

10. Associez ces citations de comiques au procédé humoristique utilisé.

 1 l'autodérision **2** le sarcasme **3** l'absurde

○ « Un vegan, il est au bord d'une rivière, il y a un castor et un petit garçon en train de se noyer, il hésite. »
Fabrice Eboué

○ « Les mecs bourrés me prennent pour un pélican, les bébés pour de la pâte à modeler. » Booder

○ « Moi, lorsque je n'ai rien à dire, je veux qu'on le sache ! »
Raymond Devos

11. Lisez cet extrait de chanson et répondez aux questions.

ALOURDI PAR LES BIG MAC,
AU COCA TOUT IMBIBÉ,
IL ARRIVE PAR MIRACLE
QU'UN COW-BOY SACHE VISER.
DANS LA RUE, LORS D'UN CONTRÔLE,
LE COUP DE FEU EST PARTI SUR UN NOIR
ET CE QUI EST DRÔLE, C'EST QUE LE TIREUR SERA BLANCHI, LUI.
CIRCULEZ, UN POULET A TUÉ UN NOIR,
CAR C'ÉTAIT UN NOIR QUI ÉTAIT DONC UN BANDIT.
CIRCULEZ, UN POULET A TUÉ UN NOIR,
CAR C'ÉTAIT UN NOIR QUI N'AVAIT PAS DE FUSIL.

Extrait d'une chronique de Frédéric Fromet sur France Inter, 2016

a. Quel procédé humoristique Frédéric Fromet utilise-t-il ?

b. Quelles sont les deux critiques qu'il fait ?

c. Relevez un jeu de mot utilisé dans cette chanson.

12. Expliquez pourquoi les citations suivantes sont ironiques.

« N'écoutant que son courage qui ne lui demandait rien, il se garda d'intervenir. » **Jules Renard**

« Ma mère a mis son châle jaune et son beau chapeau – celui au petit melon et à l'oiseau au gros ventre. »
Jules Vallès

13. En petits groupes, imaginez d'autres phrases ironiques.

Les expressions avec *blague*

14. Écoutez puis associez les phrases entendues avec les réponses ci-dessous.
🎧 72

○ Oui ! Et on vous fait confiance pour rester bien sages ! Pas de blagues, d'accord ?

○ Quelle sale blague ! C'est pas très sympa !

○ Non mais c'est une blague ? ! Comment a-t-il pu oser ? !

○ Oui mais, blague à part, malgré ses manières, il a toujours su bien expliquer les choses.

Parler de la presse satirique

15. Lisez le texte suivant et résumez quels sont les éléments de succès du journal *Vigousse*.

En 2009, *Vigousse*, un journal satirique, voit le jour en Suisse romande. Dix ans plus tard, et malgré les crises traversées par la presse écrite, ce « petit satirique romand » est toujours debout. Cette réussite tient peut-être au fait que, chez *Vigousse*, journalistes, universitaires, humoristes, dessinateurs travaillent ensemble main dans la main. Dans ce journal, on vise à ce que les papiers journalistiques soient écrits de manière amusante et à ce que les billets humoristiques évoquent l'actualité.
Pour la rédaction de ce journal, c'est important de rester correct en ne se moquant pas du physique ou des faibles. Chez eux, l'outrance n'est pas une obligation dans l'exercice de la satire. Ils préfèrent rester modérés dans la provocation et réguler l'emploi du grossier pour avoir un impact plus fort auprès des lecteurs. En Suisse romande, la population aime différents styles d'humour, l'équipe du journal a donc compris qu'il était primordial de rester éclectique.

Échanger sur l'humour

16. Écoutez cet extrait d'émission de radio et notez les 3 raisons pour lesquelles nous rions.
🎧 73

....

....

....

17. Écoutez cet extrait d'émission et répondez aux questions.
🎧 74 **a.** Classez ces définitions de l'humour dans l'ordre entendu.

L'humour, c'est ...

... prendre les préoccupations des gens et se les mettre sur le dos pour les en débarrasser.	
... pouvoir parler librement des sujets les plus dramatiques.	
... la capacité à être critique et exprimer des choses sincères.	
... un coup de poing dans la gueule emballé dans du papier de soie.	
... quelque chose qui se manie avec des baguettes.	
... le contraire de l'esprit de sérieux et la capacité à rire de soi.	
... quelque chose que l'on a en soi.	

b. Comment comprenez-vous ces phrases ? Avec quelle/s définition/s êtes-vous le plus d'accord ? Et le moins d'accord ? Discutez-en en petits groupes.
c. Et pour vous, c'est quoi l'humour ? Discutez-en en petits groupes.

18. Trouvez les 7 mots cachés dans cette grille qui permettent de qualifier l'humour ou un humoriste.

C	A	R	I	C	A	T	U	R	A	L	U	I	L	L
I	W	L	T	U	E	O	Y	T	O	Y	G	G	P	Q
N	S	K	O	L	L	P	A	I	Z	R	S	U	P	N
G	M	I	U	O	S	L	U	F	X	B	H	F	N	Q
L	L	H	U	T	A	E	Q	M	J	G	C	G	S	C
A	J	X	Y	T	R	Q	R	L	Q	G	X	I	O	L
N	M	C	H	É	C	O	N	S	E	N	S	U	E	L
T	O	B	G	Q	A	D	K	T	W	H	Z	E	Z	Q
S	Q	G	R	A	S	V	B	M	R	Z	O	H	P	P
E	K	P	X	L	T	Q	T	Y	N	C	U	U	Y	M
P	X	W	E	S	I	P	W	I	S	L	Q	I	Z	B
C	O	E	G	Q	Q	A	P	W	K	I	B	V	O	N
X	V	E	C	G	U	Q	O	K	B	I	F	E	R	X
A	C	E	R	B	E	R	A	P	E	E	J	R	O	F
J	Q	P	U	W	H	B	B	F	U	S	X	G	T	W

19. Avec les mots trouvés dans l'activité précédente, imaginez des phrases qui permettent de comprendre le sens de chaque mot.

Les connecteurs logiques

20. Remettez le texte dans l'ordre.

○ De plus, ses professeurs l'encouragent à écrire des textes en jeux de mots et ainsi, quelques années plus tard, il participe au festival d'humour Voo Rire à Liège.

○ C'est en premier lieu, lorsqu'il a 14 ans, que Félix Radu découvre, dans ses cours d'Art de la parole, l'humoriste Raymond Devos et ses œuvres.
Pour lui, c'est un déclic et aussitôt il sait qu'il veut suivre les pas de ce grand artiste.

○ Ensuite, il obtient un prix au festival de Rémicourt qui lui offre une aide pour créer son spectacle. Néanmoins, il reste toujours très actif sur les scènes de différents festivals belges, suisses et français, et cela lui est très profitable puisqu'il remporte plusieurs récompenses, notamment le prix Devos de l'humour.

○ Dernièrement, il a joué son spectacle *Les mots s'imposent* à Paris et au Festival d'Avignon. C'est un super spectacle de jeux de mots et d'esprit où plusieurs thèmes tels que l'amour, la mort et la solitude sont abordés.

21. Soulignez les connecteurs logiques présents dans le texte de l'activité précédente puis classez-les dans le tableau.

Structurer un propos	
Situer dans le temps	
Ajouter un propos	
Exprimer l'opposition	
Illustrer	
Exprimer la cause	

La condition

22. Complétez le dialogue avec les expressions suivantes.

à condition que   à condition de   en cas de

à moins que   si et seulement si   au cas où

Rose
Salut Coraline ! J'ai vu qu'Élodie Poux va faire son *one-woman show* dans notre ville. Ça te dit qu'on aille la voir ensemble ?
√ 09:34

Coraline
C'est une bonne idée mais je ne pourrais venir qu'_____ être libre. C'est quand ?
√ 09:45

Rose
C'est dans 3 jours, le 26 septembre. √ 09:46

Coraline
Parfait ! Je ne travaille pas mais c'est moi qui m'occupe de bébé. _____ je ne trouverais pas de baby-sitter, il faut que je m'arrange avec Clément. Je pourrais venir _____ Clément veut bien garder notre fille.
√ 09:48

Rose
Bien sûr qu'il acceptera... √ 09:49

Coraline
... et _____ les places ne soient pas trop chères...
√ 09:51

Rose
Il y a des places à 15 euros en 3ᵉ catégorie.
√ 09:52

Coraline
Ça me semble bien. _____ Clément ne soit pas disponible, c'est OK pour moi ! _____ problèmes, je te rappelle.
√ 09:59

23. Imaginez la fin des phrases suivantes.

a. On peut arrêter ses études à condition que...

b. On peut rire de tout à condition de...

c. On peut prendre une année sabbatique pour faire un tour du monde si et seulement si...

d. On peut faire du bénévolat dans une association à moins que...

e. On peut mettre de côté un peu d'argent chaque mois au cas où...

Les expressions avec *rire*

24. Mettez-vous par deux et jouez à ce jeu selon les règles ci-dessous :

RÈGLES DU JEU :
→ Une personne dessine et l'autre devine l'expression que son camarade met en dessin.
→ La personne qui dessine n'a pas le droit de parler.
→ La personne qui devine ne peut donner qu'une seule réponse pour chaque dessin et si elle se trompe, la personne qui dessine doit choisir une autre expression.
→ La personne qui dessine dispose d'une minute pour dessiner et faire deviner à son partenaire un maximum d'expressions.
→ Le groupe qui a trouvé le plus d'expressions dans le temps imparti gagne.

LES EXPRESSIONS À FAIRE DEVINER (LA PERSONNE QUI DEVINE NE DOIT PAS LES LIRE)	RIRE GRAS	RIRE JAUNE
ÉCLATER DE RIRE	RIRE DANS SA BARBE	SE FENDRE LA POIRE
AVOIR UN FOU RIRE	PLEURER DE RIRE	RIRE COMME UNE BALEINE
ÊTRE MORT DE RIRE	AVOIR UN RIRE COMMUNICATIF	ÊTRE PINCE-SANS-RIRE

Rédiger un texte argumentatif

25. Lisez ces conseils pour réussir son texte argumentatif puis classez-les dans le tableau.

- Organisez vos arguments dans un ordre cohérent.
- Répétez vos arguments.
- Utilisez des connecteurs logiques pour structurer votre écrit.
- Ne parlez pas de vous, de votre culture ou de votre pays.
- Prenez le temps de vous relire et de vous corriger.
- Assurez-vous d'être clair.e dans votre prise de position.
- Ne passez pas trop de temps sur votre graphie. Votre lecteur fera l'effort de vous déchiffrer.
- N'hésitez pas à mettre plusieurs arguments et exemples dans chaque paragraphe.
- N'aérez pas votre texte et écrivez tout en un seul bloc.

Les bons conseils	Les mauvais conseils

26. Numérotez dans l'ordre les étapes de l'essai argumentatif.

Choisir un plan en fonction de la problématique.	
Identifier la problématique.	
Illustrer chaque argument avec des exemples concrets.	
Chercher des idées pour chaque partie.	

27. Lisez le titre du tableau et, en petits groupes, complétez le tableau suivant.

Peut-on parler de sujets graves et sérieux sur le mode humoristique ?	
POUR	**CONTRE**
Argument 1 :	**Argument 1 :**
Exemple 1 :	**Exemple 1 :**
Argument 2 :	**Argument 2 :**
Exemple 2 :	**Exemple 2 :**
Argument 3 :	**Argument 3 :**
Exemple 3 :	**Exemple 3 :**

28. À l'aide de l'activité précédente, rédigez l'essai argumentatif correspondant (250 mots environ).

PROSODIE - L'accent

29. Écoutez les phrases et soulignez les accents.

75

a. Les blagues se basent souvent sur des stéréotypes.

b. On aime rire des malheurs des autres.

c. Les Belges sont la cible des blagues des Français.

d. En Amérique Latine, on fait des blagues sur les Espagnols.

e. Le *stand-up* est un style d'humour qui vient des États-Unis.

f. Pour faire du *stand-up*, vous n'avez besoin d'aucun décor.

g. L'humour est très culturel, l'humour des Anglais est difficile à comprendre pour les autres pays.

h. Le *Street Art* s'est surtout développé dans la banlieue parisienne.

> ➕ **L'accent**
>
> L'accent en français a 3 caractéristiques principales :
> • il est long ;
> • c'est un accent de groupe rythmique ;
> • et il se place toujours à la fin du groupe.

30. Répétez les phrases de l'activité précédente en marquant bien les accents longs.

31. Lisez le texte et marquez les syllabes qui, selon vous, doivent porter l'accent. N'oubliez pas que les syllabes accentuées sont toujours importantes à la compréhension du texte.

L'aventure a commencé il y a deux ans par une page Facebook sur laquelle Nazim Baya postait de simples blagues. Peu à peu, l'envie lui vient de monter un journal satirique. Il lance un appel à contributions pour trouver des caricaturistes. Sans succès. Il décide alors de s'en tenir à des textes et reprend le nom d'un titre qui avait existé dans les années 1990 : *El Manchar*, un mot qui signifie à la fois « scie » et « médisance ». [...] « en Algérie, on aime beaucoup la satire, l'humour, mais il y a un vide dans ce domaine, c'est pour ça que le site a autant de succès ». [...] sur ses motivations, Nazim Baya reste discret. Pas de grand discours sur la liberté d'expression pour ce jeune développeur Web. « Oui, j'ai des choses à dire, comme tout citoyen. Notre message, c'est qu'à travers l'humour on donne une certaine vision du monde et on a plus de chance d'être entendu. » Une ligne éditoriale ? « Un fil conducteur, répond Nazim Baya. On est toujours du côté du peuple, on ne tape que sur les puissants, les riches. » Une seule ligne rouge : la religion. « On ne peut pas en rire, c'est sacré. Je n'ai pas envie de heurter les gens et ça ne fait pas avancer le débat », explique le fondateur du site, précisant qu'ils ne se privent pas d'attaquer les religieux. Dans un pays où la liberté d'expression est étroitement encadrée, *El Manchar* n'a jamais été inquiété pour son impertinence. « Nous n'avons jamais eu de souci, confirme Nazim Baya [...]. » Utiles pour l'Algérie ? « Il me semble que oui. Le rire c'est important dans une société. Salutaire. »

32. Lisez de nouveau le texte à voix haute et, si possible, enregistrez-vous pour écouter si vous avez bien prononcé les syllabes accentuées.

PROSODIE - Le rythme

33. Écoutez les phrases et mettez une barre (/) pour séparer les groupes rythmiques.

76

a. Traditionnellement, les humoristes sont des hommes. ....

b. De plus en plus de femmes entrent dans le monde de la comédie. ....

c. L'humour est nécessaire pour avoir une stabilité émotionnelle. ....

d. Le rire est contagieux. On rit quand quelqu'un qui est proche de nous rit. ....

e. Le rire permet de se débarrasser du stress et renforce le système immunitaire. ....

f. Selon des études, rire peut servir comme une thérapie pour certaines maladies. ....

g. Il est important de pouvoir rire de nos malheurs. ....

h. Lakis Lazopoulos est un humoriste grec très célèbre.

....

34. Écrivez à côté de chaque phrase de l'activité précédente le nombre de syllabes de chaque groupe rythmique.

35. Trouvez, pour chacune des phrases de l'activité 33, une phrase qui a exactement le même rythme.

PROSODIE - L'accent d'insistance

36. Lisez le texte suivant et marquez les syllabes que vous considérez être importantes pour marquer la pensée.

« La bien-pensance est aujourd'hui plus forte qu'avant. Que ce soient les journalistes, certains humoristes ou les commentateurs, on est toujours dans une pensée politiquement correcte. C'est une sorte de soupe un peu tiède. En même temps, je trouve qu'une société où il y a des interdits est une mine d'or pour les humoristes. Parce que, finalement, ce qui nous intéresse, c'est la transgression. Transgresser, c'est très excitant. Il suffit qu'on nous mette des limites et qu'on nous dise comment il faut penser pour qu'on essaie de penser autrement. »

37. Lisez de nouveau le texte à voix haute et marquez les accents d'insistance. Enregistrez-vous, si possible, pour vérifier votre prononciation.

PROSODIE - La mélodie

38. Reprenez les phrases de l'activité 33 et marquez les segments de phrase où la voix monte et descend.

39. Relisez les phrases de l'activité 33 à voix haute en faisant attention à bien reproduire la mélodie et le rythme.

PHONÉTIQUE - Les sons

40. Associez chaque image avec un son.

[s]　[u]　[y]　[e]

[ã]　[ɛ]　[ʒ]　[œ]

[j]　[ɔ̃]　[z]　[v]

Autoévaluation

Mes compétences à la fin de l'unité 9

Je suis capable de...	J'ai encore des difficultés à...	Je ne suis pas encore capable de...	
			parler de ce qui nous fait rire
			échanger sur les ressorts humoristiques
			parler de l'art du *stand-up*
			s'amuser avec les mots
			insister sur un élément du discours à l'oral
			parler de la presse satirique
			échanger sur l'humour
			articuler mon discours
			exprimer des conditions
			parler du politiquement correct

Mon bagage sur cette unité

1. Qu'est-ce que vous avez appris sur la culture française et francophone ?

....
....
....
....

2. Qu'est-ce qui vous a le plus intéressé et / ou étonné ?

....
....
....
....

3. Qu'est-ce qui est différent par rapport à votre culture ? Et qu'est-ce qui est similaire ?

....
....
....

4. Vous aimeriez en savoir plus sur...

....
....
....
....

DELF

Le DELF

Le Diplôme d'Études en Langue Française (DELF) est un diplôme délivré par le Centre international d'études pédagogiques (CIEP), établissement public du ministère de l'Éducation nationale français. Le diplôme est valable à vie ; il est reconnu dans plus de 170 pays.

Le niveau B2

Le niveau B2 correspond à 400 heures d'apprentissage. Le candidat de niveau B2 est capable de :
- comprendre une langue orale standard à un débit normal sur des sujets familiers et non familiers dans les médias et la vie professionnelle ;
- lire de manière autonome la plupart des journaux et magazines ;
- produire un discours clair, détaillé et structuré sur des sujets relatifs à ses domaines d'intérêt ;
- participer activement et aisément à une conversation entre natifs, même si un fort bruit de fond et l'usage de beaucoup d'expressions idiomatiques ou de structures inadaptées peuvent toujours poser problème.

Les épreuves

Nature des épreuves	Durée	Note sur
Compréhension de l'oral (CO) Réponse à des questionnaires de compréhension portant sur trois documents enregistrés (deux écoutes au maximum). Durée maximale de l'ensemble des documents : 15 min	30 min environ	25
Compréhension des écrits (CE) Réponse à des questionnaires de compréhension portant sur plusieurs documents écrits : • un texte informatif dans un journal francophone ; • un texte argumentatif sur les bières artisanales ; • un forum avec le point de vue de locuteurs francophones.	1 heure	25
Production écrite (PE) Expression d'un point de vue personnel et argumenté (contribution à un débat, lettre formelle, article critique...).	1 heure	25
Production orale (PO) Présentation et défense d'un point de vue à partir d'un court document déclencheur, suivie d'un bref débat avec le jury	20 min (Préparation : 30 min)	25
Seuil de réussite pour obtenir le diplôme : 50/100 Note minimale requise (pour chaque épreuve) : 5/25	Durée totale des épreuves collectives : 2h30	Note totale : 100

COMPRÉHENSION DE L'ORAL

POINTS **25**

Cette épreuve dure 30 minutes environ. Vous allez écouter plusieurs documents sonores correspondant à 3 exercices. Pour le premier et le deuxième document, vous allez écouter 2 fois chaque document. Pour le dernier document, vous allez écouter 1 fois 3 documents. Pour répondre aux questions, cochez les bonnes réponses.

Exercice 1 Émission de radio
77

POINTS **9**

Lisez les questions. Écoutez le document puis répondez, en cochant la bonne réponse.

1. **Dans une récente interview, l'actrice Emma Watson a déclaré être en couple avec elle-même :** POINT **1,5**

   ☐ par choix personnel.
   ☐ par obligation donnée par la société.
   ☐ par nécessité professionnelle.

2. **En général, pour la société, être heureux et célibataire est considéré comme :** POINT **1,5**

   ☐ concevable.
   ☐ incompréhensible.
   ☐ stressant.

3. **Depuis quelques années, on vise à être :** POINT **1,5**

   ☐ plus riche.
   ☐ plus épanoui/e.
   ☐ plus dynamique.

4. **Avant, les femmes ne pouvaient pas facilement s'émanciper car :** POINT **1,5**

   ☐ elles étaient financièrement dépendantes de l'homme.
   ☐ elles n'étaient pas prêtes psychologiquement à être seules.
   ☐ elles préféraient rester à la maison pour s'occuper des enfants.

5. **L'autonomisation économique de la femme est aujourd'hui possible :** POINT **1**

   ☐ dans tous les pays du monde.
   ☐ surtout dans les pays peu développés.
   ☐ surtout dans les pays développés .

6. **Selon la journaliste, le succès social se mesure surtout selon les critères suivants :** POINT **1**

   ☐ être populaire, avoir un travail rémunérateur...
   ☐ être célibataire, avoir un travail intéressant...
   ☐ être en couple, avoir une famille...

7. **La pression sociale liée à l'âge touche :** POINT **1**

   ☐ les hommes et les femmes.
   ☐ principalement les hommes.
   ☐ principalement les femmes.

Exercice 2 Émission de radio
78

POINTS **9**

Lisez les questions. Écoutez le document puis répondez, en cochant la bonne réponse.

1. **Le supermarché de Mayenne dont il est question dans ce reportage :** POINT **1,5**

   ☐ offre ses déchets organiques aux clients qui veulent faire du compost.
   ☐ donne tous ses déchets à la municipalité qui se charge de les recycler.
   ☐ fait son compost avec ses déchets et le met gratuitement à disposition des clients.

2. **Selon une étude menée par l'ADEM, chaque année, des tonnes de déchets sont jetés et...** POINT **1,5**

   ☐ tous les déchets sont transformés.
   ☐ la plupart des déchets sont transformés.
   ☐ une minorité des déchets sont transformés.

3. **Dans ce supermarché, pour éviter le gaspillage alimentaire, certains produits sont :** POINT **1,5**

   ☐ donnés à des associations.
   ☐ vendus à moitié prix.
   ☐ offerts aux bons clients.

4. **Les déchets broyés dans la machine viennent :** POINT **1**

   ☐ du supermarché.
   ☐ de la cafétéria du supermarché.
   ☐ du supermarché et de la cafétéria.

5. **Le processus de compostage :** POINT **1**

   ☐ est long mais se fait sans odeur.
   ☐ est rapide mais dégage des odeurs désagréables.
   ☐ est rapide et n'entraîne pas d'odeurs.

6. **Combien de temps peut se garder le compost fertilisant ?** POINT **1**

   ☐ 24 heures.
   ☐ 1 an.
   ☐ indéfiniment.

7. **Qu'est-ce-qui prouve que le compost est une pratique en augmentation ?** POINTS **1,5**

   ☐ de nombreux supermarchés ont suivi l'exemple de ce supermarché.
   ☐ les entreprises proposent des conférences sur le sujet à leurs salariés.
   ☐ les villes encouragent leur population à faire leur compost.

Exercice 3 Trois documents   POINTS **7**

Document 1 : Lisez les questions, écoutez le document puis répondez.

1. En France, le tutoiement dans les entreprises est une pratique de plus en plus :   POINT **1**

☐ rare.
☐ habituelle.
☐ obligatoire.

2. Certaines personnes ont des difficultés à tutoyer à cause de leur :   POINTS **1**

☐ situation conjugale.
☐ éducation.
☐ âge.

Document 2 : Lisez les questions, écoutez le document puis répondez.

3. En Occident, la plupart des 50-70 ans affirment : POINT **1**

☐ vivre relativement sereinement leur âge.
☐ ne pas bien vivre leur âge à cause de leur corps qui change.
☐ ne pas aimer vieillir à cause de la fin de vie qui approche.

4. Autour de la cinquantaine, les gens se rendent compte qu'il est surtout important de :   POINT **1,5**

☐ bien dormir et prendre soin de sa santé.
☐ profiter du moment présent.
☐ d'éviter toutes les souffrances.

Document 3 : Lisez les questions, écoutez le document puis répondez.

5. D'après l'intervenante, dans quel domaine les jeux vidéo sont-ils parfois utilisés ?   POINT **1**

☐ La santé.
☐ L'éducation.
☐ L'art.

6. Selon l'intervenante, les jeux vidéo rendraient...   POINT **1,5**

☐ plus solidaires.
☐ plus éco-responsables.
☐ plus flexibles.

COMPRÉHENSION DES ÉCRITS

POINTS **25**

Cette épreuve dure 1 heure, et comporte 3 exercices et 20 items au total.

Exercice 1 Comprendre un texte informatif ou argumentatif

POINTS **9**

Vous lisez cet article publié dans un journal francophone. Pour répondre aux questions, cochez la bonne réponse.

www.fle-en-contexte.defi.fr

SOCIÉTÉ ->->->->->->

Les couples mixtes, ce n'est pas qu'au cinéma.

Par Benjamin Jérôme, le 28 février 2019.

Les couples mixtes sont une composante essentielle de notre société, et la nationalité ne révèle pas tout puisque deux Français, par leurs origines différentes, peuvent aussi se reconnaître comme couple mixte, tels Bernard et Amélie, ensemble depuis dix ans. Lui est issu d'une famille catholique traditionnelle. Elle arrive de Martinique. On pourrait croire qu'une différence de religion complique la situation, mais selon la sociologue spécialiste de la mixité conjugale Beate Collet, « les personnes qui, malgré leurs différences de pratiques religieuses, décident de se mettre ensemble sont nécessairement animées d'un esprit de tolérance et de dialogue fort. Elles construisent leur univers conjugal sur cette entente ». Si un certain mode de vie s'établit souvent sans heurts dans l'intimité d'un couple mixte, il peut sembler suspect de l'extérieur. En effet, l'entourage peut avoir peur que, dans le couple, l'un des deux influence l'autre. Il faut donc combattre les idées reçues et prouver aux familles que l'on n'a pas abandonné sa culture, ses valeurs, quitte à « en rajouter sur les signes de loyauté », note la sociologue Beate Collet : « Cette peur du changement marche dans les deux sens, mais les familles, immigrées ou françaises, se montrent généralement plus inquiètes pour leurs filles. C'est un vieux réflexe de protection des femmes car, traditionnellement, celles-ci, par le mariage, intègrent l'univers familial de l'homme. » De plus, l'État aussi peut se montrer méfiant envers les couples binationaux, chargeant la police de débusquer les unions de complaisance. « Les couples mixtes sont sous le regard des autres, de leurs milieux familiaux, de la société », commente la sociologue Jocelyne Streiff-Fénart, directrice de recherche au CNRS, qui a étudié les couples franco-maghrébins. « Du point de vue de la société, c'est ambigu. On considère que le mariage mixte est un signe que les immigrés s'intègrent bien, mais on se méfie des mariages blancs. Le regard pèse davantage sur les couples franco-maghrébins que franco-français, ou maghrébo-maghrébins. » Pour finir, rappelons une évidence : les différences d'origine n'expliquent pas tout. Prenez la question de la ponctualité. Dans de nombreux couples mixtes, elle n'est pas anodine. « Quand on a rendez-vous à 7 heures, Mohamed (malien et musulman) ne comprend pas pourquoi je l'appelle à 8 heures pour lui demander où il est », soupire Aurélie (française et catholique). Mais « il y a aussi des couples franco-français où l'un est en retard de manière chronique », rappelle la sociologue Beate Collet.

Source : d'après www.leparisien.fr, le 28 février 2019

1. La mixité d'un couple se considère quand les conjoints ont :   POINT **1.5**

☐ des nationalités différentes.
☐ des origines différentes.
☐ des cultures différentes.

2. Selon Beate Collet, être en couple avec une personne d'une autre pratique religieuse peut :   POINTS **1**

☐ engendrer des problèmes de communication.
☐ être enrichissant.
☐ devenir compliqué avec le temps.

3. En général, les couples mixtes...   POINT **1.5**

☐ s'exposent moins par peur du regard des autres.
☐ ont souvent de petits désaccords dans l'intimité.
☐ s'adaptent à leur conjoint sans trop de difficultés.

4. L'entourage d'un couple mixte est parfois inquiet car il y a un risque pour l'un des deux conjoints :   POINT **1,5**

☐ d'oublier son identité.
☐ de quitter son pays.
☐ d'abandonner sa famille.

5. Cette inquiétude concerne surtout :   POINT **1**

☐ les hommes de familles françaises.
☐ les femmes de familles immigrées.
☐ les femmes de familles immigrées et françaises.

6. En France, l'État et la société :   POINT **1**

☐ encouragent la mixité de certains couples.
☐ suspectent la mixité de certains couples.
☐ ne sont pas en faveur de la mixité de certains couples.

7. D'après Beate Collet, les différences d'origine dans un couple :   POINT **1,5**

☐ éclairent toutes les petites incompréhensions du quotidien.
☐ excusent les malentendus liés à la ponctualité.
☐ n'expliquent pas certains différends liés à la personnalité.

Exercice 2 Comprendre un texte informatif ou argumentatif POINTS **9**

Vous lisez cet article de journal sur les bières artisanales. Pour répondre aux questions, cochez la bonne réponse.

Pourquoi un tel engouement pour les bières artisanales ?

Depuis plusieurs années, les brasseries artisanales poussent comme des champignons, et chez les cavistes, dans les bars et même dans les rayons des supermarchés, leurs breuvages se frayent une place de choix. « À la fin du XIXᵉ siècle, il y avait plus de 2 000 brasseries en France, à la fin du XXᵉ siècle, moins d'une centaine et aujourd'hui, on a dépassé les 1 500 brasseries artisanales », se réjouit Jordi Tavoillot, le créateur du Beer Love Festival, qui redonne à la bière ses lettres de noblesse,

à Montpellier. « C'est un véritable renouveau, il y a un engouement fort pour les bières artisanales, qui grignotent peu à peu des parts de marché aux géants du secteur. » D'ailleurs, Jordi Tavoillot assure qu' « il y a beaucoup de chercheurs ou d'ingénieurs qui se lancent, ça colle bien avec leur formation. » Montpellier et sa région, pays du vin, sont d'ailleurs l'un des territoires « les plus actifs sur la scène brassicole ». Mais pourquoi une telle effervescence ? Car la demande est forte ! « Ce n'est pas un phénomène exclusif à la bière. Dans tout ce que l'on consomme, on veut une véritable traçabilité, on veut que notre argent revienne à des gens qui habitent ici, qui travaillent ici, plutôt qu'à des industriels ou des actionnaires. C'est un véritable engagement. Et puis, il y a le produit. On préfère une tomate bio produite dans le coin, plutôt qu'une tomate produite sous serre je ne sais où. Pour la bière, c'est la même chose. » « C'est l'envie de revenir vers des produits qui ont du goût, reprend Antoine Blain. Les gens veulent des bières qui ont un peu de caractère,

et plus seulement une bière de soif, sans saveur, ils veulent découvrir de nouvelles choses. Avec tous ces scandales sanitaires autour de l'industrialisation, on constate un retour vers le producteur, et les brasseries artisanales en bénéficient aussi. » À Castelnau-le-Lez, Zoo Brew est l'une des dernières brasseries à avoir vu le jour dans l'Hérault. Chacun de ses breuvages invite au voyage, comme la Bower Bord, aux saveurs tropicales, l'Ibex, aux arômes de café, de chocolat et de caramel ou la King Louie, au seigle, qui surprend par son goût de céréale épicée. « C'est le goût qui a amené les gens à se réintéresser à la bière, ils se sont rendu compte que ceux qui mettaient beaucoup de bons produits dans la bière, c'étaient les brasseurs artisanaux », indique Jean-Baptiste Martineau, co-créateur de Zoo Brew. Il est peut-être temps de troquer les packs de supermarché contre des binouses brassées avec amour. À consommer avec modération, bien sûr.

Source : d'après https://www.20minutes.fr, le 19 septembre 2019

1. Ces dernières années, on trouve... POINT **1**

☐ de moins en moins de brasseries artisanales.
☐ de plus en plus de brasseries artisanales.
☐ toujours autant de brasseries artisanales.

2. On peut acheter des bières artisanales : POINT **1**

☐ surtout sur Internet.
☐ dans tous les lieux de vente classiques.
☐ surtout dans les brasseries artisanales.

3. Beaucoup de chercheurs et ingénieurs ouvrent leur brasserie car ils souhaitent : POINT **1,5**

☐ proposer des formations aux personnes intéressées.
☐ montrer que la bière est meilleure que le vin.
☐ utiliser leur formation initiale dans ce marché porteur.

4. Consommer de la bière artisanale... POINT **1,5**

☐ revient moins cher au consommateur.
☐ ne permet pas d'être sûr de sa provenance.
☐ fait partie d'une certaine philosophie.

5. En buvant une bière, les consommateurs cherchent à : POINT **1,5**

☐ étancher leur soif.
☐ montrer leur tempérament festif.
☐ sentir différentes saveurs.

6. D'après le journaliste, ce qui déplait aux consommateurs c'est : POINT **1**

☐ l'incertitude quant à la qualité des bières industrielles.
☐ le prix élevé des bières industrielles.
☐ le manque de variété des bières industrielles.

7. Selon le journaliste, ce qui séduit les consommateurs, c'est le bon goût et : POINT **1,5**

☐ la variété des bières artisanales.
☐ le prix intéressant des bières artisanales.
☐ le design des bouteilles des bières artisanales.

Exercice 3 Comprendre le point de vue d'un locuteur francophone POINTS **7**

Vous lisez l'opinion de ces trois personnes sur un forum français dont le sujet est « On peut rire de tout : pour ou contre ? ». Pour répondre aux questions, cochez les bonnes réponses.

---

http://www.forum-debat.dfi ☆

ON PEUT RIRE DE TOUT : POUR OU CONTRE ?

Hadriana

Je suis maman d'un garçon de 10 ans et un jour il est rentré en pleurs à la maison car ses copains ne riaient pas avec lui mais de lui sur son origine. Quand le rire condamne ce qui nous semble inférieur, alors il est une arme abjecte et ça n'a rien de drôle. On ne peut pas tolérer l'humour qui entretient les stéréotypes sur lesquels il se base. Étant blonde ET étrangère, j'ai moi-même été victime de blagues déplacées, notamment lors d'entretiens d'embauche, et même si les auteurs de ces plaisanteries soutenaient que c'était « juste pour rire », je suis toujours à la recherche d'un travail à la hauteur de mes qualifications et de mon expérience...

Charles

J'ai l'impression qu'aujourd'hui on ne peut plus rire, ou plutôt que l'on doit rire des mêmes choses et en même temps. Il devrait y avoir autant de styles d'humour que de personnalités, mais nous voilà pourtant contraints de nous limiter au politiquement correct. D'ailleurs, ne nous empêcherait-on pas de rire pour nous empêcher de penser ? Si l'on rit de moi, c'est que je ne laisse pas indifférent, alors tant mieux ! Et si je ris des autres, qu'ils s'en réjouissent ou qu'ils n'y fassent tout simplement pas attention ! Le rire défoule, réduit l'anxiété et peut créer ou renforcer des liens.

Rachel

Pour moi, l'humour est à manier avec précaution en fonction des personnes et des situations auxquelles nous faisons face. On peut s'exprimer librement tant que ça n'affecte pas la personne ou la communauté à qui on s'adresse directement. Ne prenons pas la vie trop au sérieux mais restons respectueux ! Je pense également que l'humour est une forme d'intelligence puisqu'il peut permettre de dénoncer ou de critiquer de manière plus ou moins détournée. Grâce au rire, on peut prendre conscience de l'absurdité de certains comportements humains ou des travers de notre société pour s'améliorer.

À quelle personne associez-vous chaque point de vue ? Pour chaque affirmation, cochez la bonne réponse.

1. **L'humour permet de révéler puis corriger les défauts humains ou de la société :** POINT **1,5**

   ☐ Hadriana.
   ☐ Charles.
   ☐ Rachel.

2. **On ne peut pas accepter un humour qui se moque des différences :** POINT **1**

   ☐ Hadriana.
   ☐ Charles.
   ☐ Rachel.

3. **Il est regrettable que nous soyons formatés sur ce dont on peut rire ou ne pas rire :** POINT **1**

   ☐ Hadriana.
   ☐ Charles.
   ☐ Rachel.

4. **Parfois, l'humour peut faire souffrir ou nuire à autrui :** POINT **1**

   ☐ Hadriana.
   ☐ Charles.
   ☐ Rachel.

5. **Rire n'a que des conséquences positives :** POINT **1**

   ☐ Hadriana.
   ☐ Charles.
   ☐ Rachel.

6. **On peut rire de tout mais pas avec tout le monde :** POINT **1,5**

   ☐ Hadriana.
   ☐ Charles.
   ☐ Rachel.

PRODUCTION ÉCRITE

POINTS **25**

Cette épreuve dure 1 heure.

Exercice 1

POINTS **25**

Smart City ou Slow City ? La première serait intelligente et ultraconnectée : pour fonctionner, tout serait basé sur l'intelligence artificielle et les algorithmes. La seconde obligerait à remettre en question nos modes de consommation : on apprendrait à ralentir pour prendre conscience de ce que nous sommes et ce que nous faisons, avec en arrière-plan, l'idée de sobriété numérique. Quel avenir voulez-vous pour votre ville ?

Vous répondez à cette question posée par le maire sur le forum du site de votre ville en justifiant votre point de vue. 250 mots au minimum.

PRODUCTION ORALE

POINTS **25**

Vous disposez de 30 minutes de préparation. Cette préparation a lieu avant le déroulement de l'ensemble de l'épreuve.

Exercice 1   Débat   (20 min)

Lisez le document. Vous dégagez le problème soulevé puis vous présentez votre opinion sur le sujet de manière claire et argumentée avant de défendre votre point de vue au cours d'un débat avec l'examinateur.

POUR OU CONTRE LE SYSTEME DE CREDIT SOCIAL ?

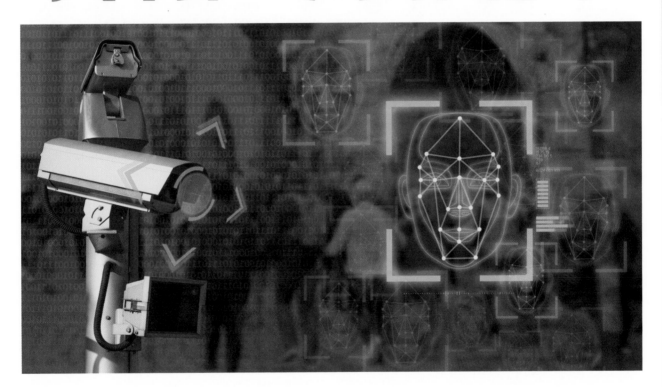

Des citoyens épiés en permanence par des milliers de caméras de surveillance et notés sur chacun de leurs faits et gestes... Ce scénario est déjà à l'œuvre en Chine, où un système de « crédit social » actuellement à l'essai devrait être généralisé en 2020. Selon Jean-Gabriel Ganascia, chercheur qui préside le comité d'éthique du CNRS, ce genre de dispositif existe déjà en partie en France. Par exemple « il y a un "crédit social" sur Internet où nous sommes notés en permanence... mais aussi dans un certain nombre d'institutions financières, [telles que] assurances et banques ». Le chercheur affirme même que les grandes entreprises nous espionneraient plus que l'État, car si les pratiques de l'État sont encadrées, « ces grandes entreprises, elles, font un peu ce qu'elles veulent avec les données que nous leur fournissons, sur les réseaux sociaux par exemple ». Enfin, il confirme que des caméras de reconnaissance faciale sont testées en France. Notamment à Nice, où « le maire a conduit une expérimentation cet été avec des "cobayes" consentants ».

Source : d'après www.francetvinfo.fr, le 10 octobre 2019

AUDIO - UNITÉ 1

Piste 1

Brooklyn, Time Square, manucure, deli, rat, pizza, 80 secondes ce matin sur un petit livre qui capte en 100 mots l'esprit de New York, la ville la plus incroyable du monde, voir à ce sujet l'entrée « best » sur la passion locale pour les superlatifs. Atmosphère, us et coutume, ce lexique détaille l'exotisme new-yorkais. L'étonnant amour pour les chiens, par exemple, il y en aurait 600 000 en tout, avec des races spécifiques selon le quartier. L'émoi qu'entraînent les tempêtes de neige, ces « snow days » qui paralysent la ville, la laissant silencieuse alors que New York est la « Ville Bruit » comme Paris est la « Ville Lumière ».

Piste 2

• Bonjour à tous ! Aujourd'hui, notre émission est à propos du tourisme de ruines. Diderot disait d'ailleurs : « Il faut ruiner un palais pour en faire un objet d'intérêt. » Alors, le tourisme de ruines, c'est beau ou c'est pas beau ? Pour en parler, je donne la parole à quatre auditeurs et auditrices ayant un avis bien tranché sur la question.

◦ Personnellement, je ne vois aucun intérêt... et aucune beauté à visiter des villes ou des lieux laissés à l'abandon. Je suis allé à Détroit, et j'ai trouvé que cette ville était tout simplement hideuse !

▪ Je ne suis pas du tout d'accord ! Moi, je suis allée à Kolmanskop. Vous savez, cette ville fantôme du désert de Namib au sud de l'Afrique. Un régal visuel ! J'ai été envoûtée par ses maisons délabrées envahies par le sable. Pour moi, ce lieu est splendide et m'a conduite à une contemplation tranquille.

♦ Je partage ton avis ! Moi, je suis fasciné par les lieux défigurés. Je suis allé à Prypiat, ville abandonnée à quelques kilomètres de Tchernobyl. J'ai trouvé que les lieux explosés, ainsi que l'ambiance, étaient d'une grande poésie.

◇ N'importe quoi ! Je suis tout à fait contre le tourisme de ruines ! Non seulement ces paysages déchirés sont austères et disgracieux mais surtout, je considère cet engouement comme voyeuriste et irrespectueux envers les populations locales ou la mémoire de ceux qui y ont habité.

• Merci à tous les quatre ! Et vous, qu'en pensez-vous ? Donnez-nous votre avis en appelant le standard au 01 45....

Piste 3

• Et le décryptage éco c'est Vincent Giret, bonjour Vincent.
▪ Bonjour Fabienne, bonjour à tous.
• Vous me paraissez bien loin et en même temps si prêt, vous êtes à Lyon ce matin Vincent, vous allez nous parler de la transformation spectaculaire des villes dans le monde d'aujourd'hui. Et vous allez remettre ce matin Vincent, avec votre journal *Le Monde* et avec un jury international, des prix de l'innovation urbaine.
◦ Et oui Fabienne nous avions lancé à l'automne dernier un appel à candidature sur des projets de transformation, d'innovation, un peu comme on jette une bouteille à la mer et on a reçu comme une déferlante de candidatures venues de Rennes, de Marseille, de Toulouse, de Bègles, d'Issy-les-Moulineaux, de Bastia et je ne vous parle bien sûr que de la France. Cela donne d'ailleurs une toute autre image de notre pays que celui d'un pays en crise, un peu dépressif, qu'on décrit souvent. Il y a en France des jeunes, des start-up, des grandes entreprises, des institutions publiques petites ou grandes qui innovent partout pour changer l'habitat, pour le rendre plus écologique, pour, avec des applications numériques, changer la mobilité en ville, pour réguler l'énergie de manière complètement révolutionnaire. Tout cela pour bâtir ce qu'on appelle en anglais, pardon, des smartcities, c'est-à-dire des villes intelligentes ou des quartiers intelligents, à la fois plus conviviaux, plus économes en énergie, plus écologiques, plus agréables, plus solidaires aussi.

• Allez Vincent, quelque exemples.
◦ Alors oui Fabienne mais c'est, bon, c'est difficile de choisir. Partons d'abord de choses très simples, par exemple Mon ptit voisinage, c'est le nom d'une application, une plateforme collaborative gratuite accessible sur votre téléphone qui vous met en relation avec vos voisins pour tous types de services, de coups de main, de problèmes, d'échanges. C'est une projet qui est venu de Saint-Malo. Deuxième exemple, on change totalement d'échelle, c'est à Issy-les-Moulineaux, le projet s'appelle IssyGrid, c'est le premier réseau énergétique intelligent de France où les habitants peuvent gérer eux-mêmes leur consommation d'énergie. Dernier exemple Fabienne, c'est une start-up qui s'appelle ForCity, créée à Lyon, en fait c'est une plateforme fascinante en 3D de scénarisation de l'évolution des villes en fonction de leur démographie, de leur géographie ou de toutes autres spécificités. Et cette start-up française a conçu un outil si puissant pour anticiper l'avenir qu'elle est en train de décrocher des contrats à Singapour, à Dubaï, des villes qui ont des défis colossaux à relever. Dans le domaine de l'innovation urbaine, la technologie française, en tout cas, fait des merveilles Fabienne.

• Merci beaucoup Vincent, j'irai à Lyon, donc, avec le journal *Le Monde*, merci.

Piste 4

Il pleure dans mon cœur
Comme il pleut sur la ville ;
Quelle est cette langueur
Qui pénètre mon cœur ?
Ô bruit doux de la pluie
Par terre et sur les toits !
Pour un cœur qui s'ennuie,
Ô le chant de la pluie !

Piste 5

a. Nous avons tous des points de repère dans notre ville.
b. New York est une ville cosmopolite et pleine de sites à visiter.
c. Ma ville préférée dans le monde est Paris.
d. Je n'aime pas les villes trop grandes, elles sont déshumanisées.
e. Marcher dans une ville est la meilleure manière de la connaître.
f. Des villes touristiques, des villes industrielles, elles ont toutes un charme.
g. Ushuaïa est la ville la plus méridionale du monde, elle est située en Argentine.
h. Notre idée de la ville doit évoluer pour s'adapter aux défis de la vie moderne.

Piste 6

a. Les villes du futur devront utiliser de plus en plus d'énergies renouvelables.
b. Les murs végétaux et les toits verts sont une solution au problème de la pollution
c. Nous verrons, d'ici quelques années, augmenter le nombre de voitures électriques.
d. Les autorités devraient encourager l'utilisation du vélo comme moyen de transport.
e. Les nouvelles villes seront composées en priorité d'immeubles intelligents.

f. La ville doit être un espace plus vivable pour tous ses habitants.

g. Nous devons développer des moyens de transport plus efficaces.

Piste 7

a. Mon chien Gin voyage dans une cage.

b. Je meurs de rage au bord du Tage.

c. Cette fille rougit facilement.

d. Il mange des cailles.

e. N'utilise pas de pailles.

f. C'est une grosse faille.

g. Ce boulon est rouillé.

Piste 8

a. Passe-moi cette paille.

b. Regarde cette belle cage.

c. Ce sont des mages.

d. Que veut dire « Tage » ?

e. Voilà la faille.

f. Ils pillent la ville.

g. Ce sont des rages.

AUDIO -UNITÉ 2

Piste 9

Le riz a une importance capitale à Madagascar. D'une part, parce que c'est l'aliment de base des Malgaches et d'autre part, parce que la culture du riz constitue la principale activité agricole de l'île. Elle ne concerne pas moins de 8 millions de producteurs. Le problème, c'est que cette activité est souvent peu rentable et il est difficile pour les petits producteurs d'en vivre décemment.

Une des difficultés auxquelles ils sont confrontés est la conservation du riz. En effet, nombreux sont ceux qui n'ont pas de lieu de stockage pour conserver leur récolte et si le riz n'est pas mis à l'abri, il moisit. Alors, ce problème de conservation a plusieurs conséquences négatives. La première est que, comme tous récoltent et vendent le riz à la même période, ils le vendent à bas prix. La deuxième conséquence est qu'ils perdent une partie de leur production. Et enfin la troisième c'est que, après quelques mois, ils doivent acheter du riz à prix fort pour leur propre consommation et ils s'endettent. Deux étudiants-ingénieurs de Lyon se sont penchés sur cette question. Ils ont imaginé un sac innovant qui permet aux producteurs de conserver le riz pendant 12 mois. Grâce à Tigoun - c'est le nom qu'ils ont donné au sac, ils peuvent répartir les ventes de riz sur toute l'année et ils ne sont pas contraints d'en acheter pour nourrir leur famille. La cerise sur le gâteau ? Le sac est écologique contrairement aux sacs plastiques utilisés jusqu'à présent.

L'économie réalisée par les petits producteurs leur permet de payer la scolarité de 3 enfants, une manne dans ce pays où de nombreux enfants ne sont pas scolarisés.

Piste 10

La chronique Environnement, maintenant. Christelle nous parle de ces maires qui se rebiffent contre les pesticides. Bonjour ! Oui, les arrêtés municipaux qui interdisent l'épandage de pesticides à proximité des lieux d'habitation se multiplient en France depuis quelques mois. Une manière de soutenir mais aussi de faire pression sur le gouvernement. Rappel des faits : En mai dernier, Daniel Cueff, maire de Langouët, est catastrophé d'apprendre que les analyses d'urine d'un habitant de sa commune montre un taux de glyphosate 30 fois supérieur à la normale. Or, cet habitant est un enfant de 6 ans et il mange bio à la cantine comme à la maison. Le maire prend donc un arrêté qui interdit l'épandage de pesticides à moins de 150 mètres des habitations et des bâtiments à usage professionnel. Très vite, la préfecture réagit. Elle estime que le maire de Langouët outrepasse ses fonctions et saisit le tribunal administratif qui suit l'avis de la préfète. Il suspend puis annule l'arrêté municipal le 25 octobre au motif que le ministère de l'Agriculture est le seul à pouvoir autoriser, ou non, le traitement phytosanitaire des cultures, sauf en cas de péril imminent, péril qui n'est pas avéré selon le tribunal. Ce n'est pas la première fois qu'un maire prend ce type d'arrêté mais celui-ci a été particulièrement médiatisé. Daniel Cueff a reçu de très nombreux témoignages de soutien depuis le début de l'affaire. Et surtout, près de 60 maires, de tous bords politiques, ont pris des arrêtés similaires pour leur communes. Même le département du Val-de-Marne a suivi le mouvement. Certains arrêtés vont même plus loin que celui de Langouët. Ainsi, la maire de Revest-des-Brousses impose une distance de 500 mètres entre les zones d'épandage de pesticides et les habitations tandis que le maire de Boussières, lui, va jusqu'à interdire purement et simplement l'utilisation de glyphosate sur sa commune. Alors, même si ces arrêtés sont très sévèrement critiqués par les agriculteurs, ils sont très largement soutenus par la population. Et pour les maires signataires, il est urgent de réagir. Bertrand Astric, maire de Boussières et apiculteur amateur, se désole de voir les abeilles, les insectes, les oiseaux disparaître de nos campagnes. D'autres maires, notamment des professionnels du secteur médical, s'inquiètent plus particulièrement des conséquences dramatiques sur la santé : cancers, maladies de Parkinson ou encore troubles du développement et malformations congénitales chez les enfants. Et c'est cela qui justifie en premier lieu cette mobilisation des édiles puisque la protection de la santé publique fait partie des missions du maire. Et c'est la Constitution qui le dit.

Pourtant, jusqu'à présent, la justice administrative a annulé ces arrêtés les uns après les autres et les maires sont bien conscients que la loi ne leur est pas favorable. Mais prendre ces arrêtés, c'est pour eux un moyen de dénoncer l'inaction de l'État et surtout, de faire réagir le gouvernement. Et ça marche ! Fin août, le ministre de l'Agriculture a programmé une consultation publique sur le sujet pour le 1er octobre mais sous la pression des maires, il l'a avancé au 9 septembre. Plus de 50 000 participations ont été enregistrées - un record pour une consultation publique. On n'en connaît pas encore le résultat, mais le ministre a promis une nouvelle réglementation d'ici la fin de l'année.

Piste 11

« Le retour caméra. Ça filme... Allez, c'est parti ! Salut tout le monde ! C'est Étienne agri youtubeur et on se retrouve cette semaine pour une nouvelle vidéo où je vais vous présenter une application avec laquelle... (Meuh !) Oh non... je vais recommencer. Salut tout le monde ! C'est Étienne agri youtubeur ».

Des figurantes pas toujours disciplinées, Étienne Fourmont a l'habitude de faire avec. Cet éleveur de vaches laitières a créé sa chaine YouTube il y a deux ans. Chaque semaine, il montre à travers ses vidéos la réalité de son travail, une façon de répondre à ce qu'il appelle l'agribashing, des critiques qu'il estime injustes sur le métier d'agriculteur.

« Quand on sait qu'on a, en France, une qualité alimentaire pareille et quand même, qu'on en dit du mal. On dit qu'on est des pollueurs, qu'on maltraite nos animaux, voilà toutes ces choses-là qui sont évidemment fausses. Les gens sont super inquiets de ce qu'ils mettent à l'intérieur d'eux, ce que je peux comprendre, et on a trouvé un sujet avec l'agriculture, avec des associations écologistes voilà, qui voulaient aussi exister en racontant parfois des conneries. Ça fait de l'info, ça fait du clic, ça fait du buzz. J'aime pas qu'on dise que je fais mal mon métier. C'est surtout ça qui m'a motivé ». Étienne Fourmont lui aussi fait du clic avec ses vidéos : 30 000 vues en moyenne. « Alors là, c'est mon père en fait qui est en train de nettoyer les cases des veaux et des vaches. Ca m'a valu une vidéo, ouais, ouais. Ben y a 15 jours, 3 semaines, je crois. »

Son père, Roger, quatrième génération d'éleveurs, soutient son fils dans sa démarche. Pour lui, les agriculteurs ne feront jamais assez bien aux yeux des Français et il croit savoir d'où ça vient. « On a aussi mal communiqué. Nos transformateurs sont responsables. On a communiqué avec le paysan, avec la casquette, la baguette de pain, il y a 50 ans. Et aujourd'hui, on découvre que l'agriculture, c'est très technique, c'est robotisé, c'est l'informatique. Et les gens, ils comprennent plus. Et ça, ça les choque. »

Alors, avec sa perche à selfie, son trépied et même son drone, Étienne Fourmont invite les internautes dans tous les recoins de son exploitation. Les sujets ne manquent pas, à commencer par ceux qui répondent aux critiques qui reviennent le plus souvent et qui l'agacent, comme la maltraitance des animaux d'élevage / « Meilleures seront les conditions de vie de mes animaux, meilleures seront mes conditions de travail » / l'alimentation du bétail / « il faut savoir que les hormones et les antibiotiques, c'est interdit d'en donner à manger aux animaux » / ou encore la pollution engendrée par l'élevage / « L'élevage évidemment a sa part de responsabilité à prendre. Mais dans mes haies, dans mes cultures, dans mes prairies, je stocke du carbone alors que n'importe quel corps de métier en France ne stockera pas de carbone ».

Dernier sujet de colère en date : le projet de décret sur la distance à instaurer entre zone d'épandage de pesticides et habitations. Il va inspirer une nouvelle vidéo à Étienne Fourmont mais aussi le pousser à descendre dans la rue. « ... et puis je vous dis à la prochaine pour une autre vidéo ! »

Piste 12

a.
• Je suis trop content ! Mes parents m'ont acheté une voiture.
◦ Ah bon ? Mais tu as eu ton permis ?
• Non, je n'ai même pas commencé les leçons de conduite.
◦ Ah ! Ah ! Tes parents, ils...

b.
• Tu sais pas ce qu'il a fait Philippe dans l'avion ?
◦ Non. Raconte !
• Il avait trop chaud dans l'avion alors il a voulu ouvrir la porte pour faire de l'air ! Heureusement que l'hôtesse passait par là et l'a empêché de le faire.
◦ Non ! Mais il ...

c.
• J'ai vu Lili hier. Elle a eu le poste de responsable du service export !
◦ Non ? Ça m'énerve... Tout est trop facile pour elle.
• Ben, pourquoi tu dis ça ?
◦ Parce que son père est maire de la ville. C'est...

d.
• Je suis le plus heureux des hommes !
◦ Ah oui ? Qu'est-ce qu'il t'arrive ?
• J'ai rencontré la femme de ma vie ! Je suis fou amoureux.
◦ Encore ! Tu as vraiment...

e.
• Dis, tu savais que Mathieu était propriétaire d'un hôtel ?
◦ Un hôtel ? N'importe quoi ! Il sous-loue une chambre à un étudiant. Il n'est propriétaire de rien du tout !

• C'est pourtant bien ce qu'il m'a dit... Tu es sûr ?
◦ Oui, à deux cents pour cent. N'écoute pas Mathieu. Il...

f.
• On se fait un ciné et un resto demain soir avec Maelle et Julie. Tu veux venir avec nous ?
◦ Non... Merci mais vraiment, je ne peux pas. Entre tous les cadeaux que j'ai achetés pour Noël et les travaux qu'on a faits dans la maison, je...

Piste 13

Étape 1 : Dès que le poisson a été pêché, on en prélève la chair.
Étape 2 : Elle est mixée puis nettoyée directement sur le bateau.
Étape 3 : La chair est ensuite pressée par plaques de 10 kilos.
Étape 4 : Les plaques sont congelées avant d'être envoyées en usine.
Étape 5 : La chair est décongelée puis cuisinée.
Étape 6 : La préparation est cuite comme une crêpe sur une plaque chauffante.
Étape 7 : On roule ensuite la pâte cuite qui est ensuite découpée en bâtonnets.
Étape 8 : Les bâtonnets sont conditionnés sous film plastique puis pasteurisés.
Étape 9 : Les bâtonnets sont emballés afin d'être mis en vente.

Piste 14

• J'ai tendance à acheter plus d'aliments que ce que je consomme chaque semaine. Si c'est des aliments périssables, ils finissent à la poubelle.
◦ J'oublie souvent que j'ai certains aliments au fond de mon frigo et quand je les retrouve, il est trop tard pour les consommer parce que la date de péremption est dépassée.
▪ Je cuisine toujours de trop grandes quantités de nourriture et comme je n'aime pas manger plusieurs fois de suite la même chose, j'ai tendance à jeter les restes.
♦ Je fais les courses au supermarché une fois par semaine mais après quelques jours, les fruits et légumes que j'ai achetés sont abimés et je dois les jeter.
◊ J'ai tendance à avoir les yeux plus gros que le ventre : je remplis mon assiette mais je ne la finis presque jamais.
‡ Quand je vais faire mes courses, je me laisse facilement tenter par les promotions et je me retrouve avec des produits dont je n'ai pas l'utilité.

Piste 15

• Allô, Hubert ? C'est Marianne ! Ça roule ?
◦ Oui, et toi ?
• Très bien ! Je t'appelle pour savoir si ça te dit un resto ce soir ?
◦ Ah ouais, tiens ! Ça me changera les idées !
• Super ! Moi aussi, j'ai besoin de me changer les idées. Et en plus, j'ai super faim ! Il y a un nouveau resto à côté de chez moi. Ça a l'air pas mal. Ils ont le label « Fait maison ».
◦ Non !!!
• Ben quoi ?
◦ Ce label là... c'est complètement bidon ! Je savais même pas qu'on l'utilisait.
• Pourquoi bidon ? Ça veut pas dire que c'est cuisiné sur place ?
◦ Tout dépend de ce que tu appelles « cuisiner »...
• Comment ça ?
◦ Ben... si pour toi, acheter des légumes surgelés, déjà épluchés et coupés juste pour les mélanger et les faire cuire, c'est cuisiner, alors oui, on peut dire que c'est « cuisiné sur place ». Moi, je considère pas ça comme de la cuisine, et surtout pas dans un restaurant...
• Ben non, c'est clair ! Je suis d'accord avec toi. Mais ça craint dis donc !

○ Ouais... Surtout qu'en plus, ils peuvent utiliser certains produits transformés et dire que c'est du « fait maison » si c'est dans la liste des produits autorisés. Tu imagines ? Tu peux acheter de la pâte à tarte industrielle et dire que ta tarte est faite maison !

• Oh ben ça alors ! Ça n'a aucun sens. Pourquoi créer un label « Fait maison » si c'est pour proposer du décongelé ?

○ Oui... À quoi bon ? En tout cas, les restaurateurs l'ont bien compris. C'est un flop total ! Tu l'as vu souvent le logo, toi qui vas si souvent au restaurant ?

• Euh non... C'est vrai. En même temps, tu exagères Hubert. Je n'y vais pas si souvent que ça.

○ Ouais... Bon, en tout cas, tu choisis des restos où on cuisine des produits frais, non ?

• Ben oui ! Tu sais bien... Manger, moi, j'adore ça. Alors, c'est sûr que je ne vais pas au resto pour manger de l'industriel et du décongelé ! Et maintenant que tu le dis, c'est vrai que je ne l'ai jamais vu avant le logo. Ou alors j'ai jamais fait attention... Ça n'existe pas depuis très longtemps, si ?

○ Ben 4 ou 5 ans quand même !

• C'est dingue... Bref. On va manger où alors ?

○ Chez Marcus ? Ça te dit ?

• Ah ouais, ça tombe bien que tu me proposes ça parce qu'on m'en a parlé la semaine dernière et j'ai très envie d'essayer ! Je les appelle pour réserver une table pour... 20 heures ?

○ Ça marche ! Allez bises, à tout à l'heure !

• À toute !

Piste 16

Graphique numéro 1 : les chiffres montrent la part de la population atteinte de sous-alimentation sur les trois continents les plus touchés par ce problème. On constate que, jusqu'en 2013, ce pourcentage a baissé constamment dans ces trois régions du monde. Ces dernières années par contre, les courbes diffèrent. Si, en Asie, le taux continue de diminuer malgré un léger ralentissement, en Amérique latine, il a plutôt tendance à stagner. Par contre, en Afrique, le taux repart à la hausse pour presque atteindre son niveau de 2005.

Graphique numéro 2 : une étude parue en 2018 sur le degré de transformation des aliments consommés en Europe permet de comparer la situation en France et en Belgique. On constate que le pourcentage d'aliments ultra-transformés est très largement supérieur en Belgique qu'en France. Au contraire, les Français consomment beaucoup plus d'aliments non transformés que les Belges. Par contre, la consommation d'aliments transformés – donc qui ne contiennent pas plus de 4 à 5 ingrédients – est supérieure en France et concerne plus d'un quart des aliments consommés par les Français.

Graphique numéro 3 : comment se répartit le gaspillage alimentaire en Suisse ? Ce graphique, basé sur des chiffres de 2018, montre que ce sont les consommateurs qui sont les premiers gaspilleurs, suivi de très près par l'industrie agroalimentaire. Viennent ensuite, dans l'ordre, les restaurants, les agriculteurs et les petits commerçants.

Piste 17

• Bonjour Emmanuel Moreau

○ Bonjour Mathilde...

• Un petit village marocain est passé de la précarité à l'autonomie alimentaire. Comment ? Grâce à la technique de la permaculture.

○ Et oui, en seulement 2 ans, Mathilde, le petit village de Brachoua est devenu célèbre pour avoir mené, avec succès, une transition écologique et sociale. Situé dans les montagnes, à 50 km au sud-est de Rabat, Brachoua a longtemps été considéré, Mathilde, comme un village sinistré, sans eau courante ni électricité. La précarité de ses 60 familles était

aggravée par le manque d'activités économiques qui poussait les hommes à aller travailler à la capitale. Mais en 2013, ses habitants décident de réagir. Ils se regroupent au sein de l'association Agriculteur Moderne, et se mettent à chercher des solutions pour dynamiser leur village et y assurer l'autonomie alimentaire.

Piste 18

a. Le figuier de Barbarie, très répandu en Méditerranée, a ranimé la commune de Sidi Fredj.

b. Elles veulent se constituer en coopérative pour bénéficier d'aides gouvernementales et pérenniser les emplois d'une trentaine de saisonnières.

c. Ces initiatives locales nous montrent que parfois des solutions résident dans les problèmes.

d. Grâce à ses racines profondes, l'acacia moringa puise l'eau à 60 mètres sous terre.

e. Même si l'Afrique utilise moins de pesticides qu'ailleurs dans le monde, ces faibles quantités présentent des risques très élevés pour la santé et l'environnement.

Piste 19

a. C'est du vent.

b. Il est marin.

c. Elle s'éteint.

d. Elle est entourée de sang.

e. Tu fais le plein.

f. Elle panse son bras.

g. C'est le devin.

Piste 20

a. C'est marron.

b. Depuis une heure, il ne fait que poncer.

c. Il a des dents.

d. C'est du son.

e. C'est lent !

f. Regarde ce paon !

g. Il est blond.

Piste 21

Le concept de « kilomètre-alimentaire » est apparu au début des années 1990 au Royaume-Uni en raison de la globalisation commerciale dont certaines conséquences dépassent aujourd'hui l'entendement. Même si cela semble démentiel, la distance moyenne parcourue par un produit alimentaire entre son lieu de production et l'assiette du consommateur est de plus de 2 000 km ! Sommes-nous devenus fous ? Plusieurs exemples tendent à prouver que le monde marche sur la tête... Cultivée et récoltée en Afrique, transformée en Amérique et consommée en Europe, la noix de cajou est devenue un symbole de la mondialisation alimentaire. Depuis 2010, avec 50 % d'augmentation de la demande, ce fruit sec fait un parcours stupéfiant de plus de 10 000 km : de la Côte d'Ivoire (premier producteur mondial) en passant par le Brésil (en usines de nettoyage et d'épluchage), avant d'arriver en France où il est salé, grillé, emballé et vendu pour environ 15 euros le kilo.

En 2014, la France découvre le voyage ubuesque des coquilles Saint-Jacques des Côtes d'Armor, en Bretagne. Élevées en France, elles sont ensuite envoyées en Chine pour y être nettoyées avant de revenir en Bretagne pour être cuisinées. L'explication ? « Ça semble bizarre, mais c'est une question de coût. On est sur des différences de salaires qui vont de 1 à 100 », selon un responsable de l'usine bretonne. Il reconnaît néanmoins « c'est un peu choquant, je préférerais que ça se fasse ici ».

AUDIO - UNITÉ 3

Piste 22

• Hé !!!! Céline ! Salut ! Ça fait mille ans qu'on ne s'est pas vues ! Comment vas-tu ?

◦ Très bien et toi ?

• Ben écoute, ça va ! Ça va très bien. J'ai appris que tu avais eu un fils. Félicitations ! C'est super.

◦ Merci ! Oui, c'est super. Il est super. Et puis, il commence à parler maintenant, il est trop rigolo.

• Mais dis-moi, où sont passés tes jolis cheveux gris ?

• Ben... j'ai fini par me les faire teindre...

• Pourquoi tu dis ça comme ça ?

◦ Oh ben parce que je trouve dommage de ne plus les assumer. Avant, j'en étais vraiment fière de mes cheveux gris. Enfin... j'étais surtout fière de les assumer en fait.

• Bon, mais l'important, c'est que tu te sentes bien aujourd'hui... Et puis, ça te va vraiment bien. Ça te rajeunit drôlement !

◦ Ouais... Mais en fait, je ne suis pas sûre de me sentir vraiment mieux. C'est surtout la pression autour de moi qui m'a fait « passer à l'acte ».

• Ah oui ?

◦ Oui, la pression de mes petites collègues surtout... Elles ont la trentaine et à peine trois cheveux blancs qu'elles épilent avant même qu'ils aient poussé. C'est des vraies coquettes et elles ont une image de la beauté très standardisée. Leurs petites remarques m'agacent mais je me suis laissée convaincre... Tu te rends compte, un jour, il y en a même une qui m'a dit que les cheveux gris, ça faisait sale sur une femme !

• Ah oui ? Et pour les hommes, pas de problème ?

◦ Ben non tu sais bien, Georges Clooney, tout ça, c'est sexy un mâle grisonnant ! Ce ne sont pas des féministes convaincues, mes collègues... Mais... oui... il y a aussi la naissance de mon fils qui a joué dans ma décision de me faire teindre les cheveux. Devenir maman à 40 ans, ça fait se poser beaucoup de questions. J'avais peur qu'on me prenne pour sa grand-mère ! Ça m'est déjà arrivé d'ailleurs, et malgré mes cheveux bruns ! J'étais super vexée... Mais sérieusement, j'ai peur du regard de mon fils, quand il grandira. Parce que j'ai peur qu'il me trouve trop vieille.

• Oui, ça, je comprends... Ça me rappelle moi, quand j'avais une dizaine d'années, je rêvais d'avoir des parents plus jeunes alors qu'ils m'ont eue à même pas 30 ans !

◦ Pareil ! J'aurais préféré des parents maltraitants pourvu qu'ils aient 10 ans de moins. On était bêtes. N'empêche... je ne peux pas m'empêcher de me laisser influencer par cette idée.

• Bon, mais le père de ton fils, il en dit quoi ?

◦ Oh, ben lui, figure-toi qu'il me harcèle pour que j'arrête de me faire colorer les cheveux ! Il me trouvait plus jolie avec les cheveux gris.

• C'est marrant... Ça se trouve, ton fils aussi voudra que tu arrêtes de te colorer les cheveux. Tu sais, on voit de plus en plus de personnes influentes aux cheveux blancs ou gris. Les mentalités vont peut-être évoluer. Ce serait bien...

Piste 23

• À l'occasion de l'élection de Mister Francophonie qui aura lieu ce week-end à Madagascar, nous avons demandé à nos auditeurs et auditrices de nous décrire leur idéal de beauté masculine. Écoutons d'abord le témoignage de Vanessa...

◦ Mon style d'homme, c'est d'abord un homme naturel. Je n'aime pas du tout les hommes qui font attention à leur apparence. C'est pas très viril selon moi. Et c'est assez important pour moi qu'un homme soit viril, sans tomber non plus dans les clichés hein ! J'aime bien les mecs grands et musclés, mais sans excès non plus. Un type qui passe son temps à la salle de muscu pour avoir les abdos dessinés comme une tablette de chocolat, très peu pour moi. Ah et j'aime bien les poils aussi ! Les barbus aux cheveux longs me plaisent bien en général. Mais une barbe naturelle hein. Je n'aime pas les barbes ou les moustaches bien taillées. Le pire pour moi, ce sont les hommes qui se font épiler. Ça, je ne pourrai jamais comprendre !

• Maintenant, voici le message que nous a laissé Paulette...

▪ Mon idéal de beauté ? Je devrais dire que c'est mon mari mais ce serait pour lui faire plaisir ! Non, moi, j'ai toujours aimé les hommes raffinés et bien soignés. Je n'aime pas les hommes qui se laissent aller. Je n'ai pas de préférence pour la couleur des cheveux mais j'apprécie les hommes aux cheveux bien coiffés. Vous savez : bien lissés vers l'arrière, avec une raie sur le côté, comme ça se faisait dans le temps. Et avec une moustache aussi. Oh oui, la moustache pour moi, c'est indispensable. Mais bien taillée hein !

• Écoutons maintenant quel est l'idéal de beauté de Manon...

♦ Oh moi, mon truc, c'est clairement les bruns aux yeux noirs ou marrons ! Peu importe la couleur de la peau. J'aime bien les hommes de grande taille aussi et plutôt minces. Sinon je n'ai pas vraiment de critères physiques... Ah si ! J'adore les coupes afro ! Je trouve ça très sexy. Un beau sourire avec de jolies dents, c'est important aussi. Mais surtout, je préfère les hommes d'allure décontractée, qui dégagent quelque chose de simple, de... de doux.

• Et pour finir, voici le témoignage de Stéphane.

◊ Alors pour moi, la première chose qui m'attire chez un homme, c'est l'élégance. Peu importe leur physique finalement. Je n'ai rien contre les hommes chauves, de petite taille ou de forte corpulence à partir du moment où ils sont élégants. Je ne supporte pas les hommes qui ne font pas attention à eux ou qui portent encore leurs vêtements d'adolescent. Ça m'horripile. J'aime les hommes propres sur eux et surtout, rasés de près. Je ne comprendrai jamais pourquoi la barbe et la moustache reviennent à la mode. Pour moi, ça fait vraiment négligé. Bien sûr, le plus important, c'est l'élégance de l'esprit mais ça, ça ne se voit pas au premier coup d'œil...

Piste 24

a. Grégory, je le déteste. Il est tellement suffisant et prétentieux ! D'ailleurs, on le sait tout de suite quand on le voit. Il le porte sur sa tronche !

b. Avec les gambettes que tu as, tu pourrais porter des jupes plus courtes !

c. Si mon collègue n'arrête pas de poser ses sales paluches sur moi, je porte plainte pour harcèlement sexuel !

d. Tristan se goinfre toute la journée de trucs gras et sucrés. Regarde-le : on dirait qu'il a la panse qui va exploser !

e. Je déteste mes gros poteaux. On dirait des pattes d'éléphant.

f. Waouh ! Ce vernis à ongles met vraiment en valeur tes jolis petons ! Dommage que ce soit l'hiver et qu'on ne les voie pas !

g. C'est très mignon ce piercing au dessus du nombril. Ça fait un joli bidou !

h. J'ai les panards enflés avec cette chaleur. Je ne peux même plus enfiler mes chaussures !

i. Mais qu'elle est jolie cette petite fille ! Regardez-moi ces tâches de rousseur... Quel adorable petit minois !

j. Mais tes petites menottes sont toutes froides ! Mets donc tes gants !

Piste 25

• Et maintenant, le « Mot du jour » avec Eva. Bonjour Eva !

◦ Bonjour ! Alors aujourd'hui, je vais vous parler du mot « cisgenre ». J'ai choisi ce mot en repensant à ma nièce, qui a 14 ans, et qui m'avait demandé il y a quelque temps : « Dis tata, c'est quoi un "cisgenre" ? » Quand je lui ai répondu que c'était l'opposé de « transgenre », j'ai bien vu dans ses yeux écarquillés qu'elle n'avait pas très bien compris... Alors, je me suis dit qu'une petite mise au point ne serait pas du luxe... Revenons aux bases et pour commencer, c'est quoi le sexe d'un individu ? Et bien, le sexe, c'est biologique. Ce sont vos chromosomes XY qui le déterminent avant même votre naissance. Deux chromosomes X pour le sexe féminin ou deux chromosomes distincts, X et Y, pour le sexe masculin, avec toutes les caractéristiques biologiques et physiologiques qui vont avec.

Alors maintenant, le genre qu'est-ce que c'est ? Le genre, c'est toutes les représentations sociales sur ce qu'est un homme ou ce qu'est une femme, que ce soit les comportements, les activités, les attributs, etc. Par exemple, ce ne sont pas mes deux chromosomes X qui m'exhortent à porter les cheveux longs, à m'occuper de mes enfants et de ma maison. Non, ça, ça vient de la société. Le genre, c'est culturel.

Alors maintenant, une personne « transgenre », c'est quoi ? Et bien, c'est une personne qui ne se reconnaît pas dans les représentations sociales liées au sexe que la biologie lui a attribué. Ainsi une femme transgenre est né homme mais elle se reconnaît davantage dans la féminité que dans la virilité. À l'inverse, un homme transgenre est né dans un corps de femme avec lequel il ne se sent pas en accord ou qui ne lui convient pas. Attention, transgenre ne signifie pas qu'on a changé de corps ou d'apparence. On parle ici simplement de ressenti.

Donc, nous y voilà : une personne cisgenre, comme je le disais à ma nièce, c'est l'opposé. C'est une personne qui se sent en accord avec son sexe biologique.

Et alors, c'est intéressant de réfléchir à la création de ce mot, assez récente, et qui montre bien comment évolue notre société. Avant, quand on n'était pas transgenre, on était quoi ? Et bien on avait tendance à dire qu'on était « normal », ce qui sous-entendait que les transgenres étaient anormaux. Ce qui posait problème évidemment. C'est pas parce qu'on est majoritaire qu'on est « normal ». On a donc créé le mot « cisgenre », dans les années 1990, par opposition. Exactement comme on avait créé le mot « hétérosexualité » à la fin du xixe siècle, alors que l'homosexualité était déjà désignée sous ce terme depuis deux ou trois décennies.

Et pour finir, on peut s'étonner ensemble de la frilosité de nos deux grands dictionnaires nationaux, le *Larousse* et le *Robert*, qui n'ont toujours pas intégré le mot « cisgenre » à leur édition 2019 alors que leurs homologues britannique et étatsunien l'ont fait respectivement en 2015 et 2016. On ne sait pas encore s'ils l'intègreront à leur prochaine édition, ce qu'on sait en revanche, c'est qu'ils auront attendu au moins 30 ans après son apparition pour légitimer le mot. On espère vraiment qu'ils l'inscriront dans la prochaine édition, d'autant plus que l'OMS a retiré la transidentité de la liste des maladies mentales en mai dernier. Ce que d'ailleurs la France avait fait dès 2010. Voilà, vous savez tout !

Piste 26
a. Cette année-là, les prothèses bioniques étaient déjà en cours de développement.
b. Cette théorie n'a jamais été démontrée par la communauté scientifique.
c. Internet était né bien avant sa démocratisation.
d. Les scientifiques n'avaient pas été informés des réticences du comité d'éthique au moment de concrétiser leur projet.
e. Les rayons X étaient déjà utilisés par les dentistes au début du xxe siècle.

f. Les modifications génétiques ont toujours été une source d'inquiétude et de fantasmes.
g. De fortes sommes d'argent sont investies par le gouvernement pour ce projet.
h. Les ressources en terres rares sont quasiment épuisées.

Piste 27
a. Je parlais avec elle.
b. J'ai mangé beaucoup de viande.
c. J'ai voyagé dans le sud.
d. Je partageais mon pain.
e. Je dansais très bien.
f. J'ai lancé cette campagne.
g. J'ai marché 10 kilomètres.

Piste 28
a. Mais, prends-le !
b. Regarde-les.
c. Écoute-le attentivement.
d. Finis-les le plus vite possible.
e. Fais-les comme cela.
f. Mets-les sur la table.
g. Dis-le à voix haute.

Piste 29
a. Je finis mon travail.
b. J'ai produit tout cela.
c. Je traduis cet article.
d. Je réduis ma consommation de calories.
e. J'ai fait cette gerbe.
f. Je maigris un peu.
g. J'ai réussi facilement.

AUDIO - UNITÉ 4

Piste 30
• Salut Marjorie , ça va ?
○ Mouais bof... Je crois que Nico et moi, c'est bientôt fini !
• Quoi ? Mais, comment ça ? Votre couple semble parfait !
○ En apparence peut-être, mais la vérité c'est que ça fait quelques semaines que ça ne va pas très bien.
• Oh ben ça alors ! Raconte ! Qu'est-ce-qui ne va pas ?
○ Ben, par exemple, c'est moi qui m'occupe de tout à la maison. Je fais la vaisselle, le ménage... Bref, ça m'agace qu'il ne fasse rien !
• Je comprends...
○ Ensuite, j'ai l'impression qu'il passe beaucoup plus de temps avec ses potes qu'avec moi ! Il sort tous les week-end, sans moi, il rentre tard...
• Oh là là ! Mais tu as parlé avec lui ?
○ À chaque fois que j'essaye de lui dire ce qui ne va pas, ça finit toujours en dispute. Alors du coup maintenant, on ne se parle plus trop... !
• Ah ben oui mais ça ne va pas arranger les choses si vous coupez toute communication. Bon écoute, moi je te conseille de lui écrire. Puisque c'est si difficile de parler, écris-lui ce que tu as sur le cœur...
○ Pourquoi pas... Malgré tout, j'ai encore des sentiments et j'ai envie de sauver notre couple, alors je vais suivre ton conseil. Je te laisse, mais on se voit bientôt d'accord ?
• Avec plaisir ! Nico est quelqu'un de bien et toi aussi ! Alors j'espère que vous allez vous en sortir ! Je t'embrasse Marjo !

Piste 31
• Pour finir notre émission, je me livre à vous... sur les amitiés insolites, trois de nos auditeurs ont voulu partager leur histoire. Agnès, 35 ans, de Seine-Maritime, on vous écoute !

○ Alors moi, je voudrais vous parler de Max, mon chien. Quand mon copain m'a offert cette boule de poil il y a cinq ans, je ne pensais pas que je tisserais des liens aussi forts avec cet animal. Il me donne tant d'amour ! J'ai l'impression que mon Max m'aime pour ce que je suis, d'une manière inconditionnelle. Il partage mon quotidien, mes joies et mes peines. Il est toujours dans mes pattes et moi dans les siennes ! Je n'imagine pas ma vie sans ce compagnon si loyal.

• Thomas, 23 ans, du Val d'Oise, c'est à vous !

■ Moi, je souhaite parler de Jacob ! Si un jour on m'avait dit que je serais ami avec l'épicier du coin, je ne l'aurais pas cru... Jacob, c'est un peu comme un papi super cool. C'est mon papi-pote. Il a toujours le mot pour rire. J'aime aller le voir quotidiennement pour écouter ses folles histoires qu'il a vécues étant plus jeune et j'aime qu'il me donne ses conseils de vieux sage pour croquer la vie à pleines dents. Nous deux, c'est pour le meilleur et pour le rire !

• Un bel exemple d'amitié inter-générationnelle Thomas ! Et le mot de la fin revient à Angélique, 52 ans du Jura.

♦ Merci beaucoup ! Bruno, c'est mon ex-pire mari... et mon meilleur ami ! Dès le début, notre entente était plus amicale qu'amoureuse. Aujourd'hui, on aime se parler des heures, de la pluie et du beau temps, sans tabous. On est tellement connectés que parfois quand je commence une phrase, il la termine ! Il lit dans mes pensées !! On est comme les deux doigts de la main et on est faits pour être amis !

• Merci à tous les trois pour ces belles déclarations amicales et on se retrouve demain pour une nouvelle émission...

Piste 32

a. Le mariage est un événement important pour beaucoup de gens.

b. Le nombre de personnes qui enterrent leur vie de célibataire augmente en France.

c. Nous avons tous l'espoir de rencontrer l'amour de notre vie.

d. Ce soir, je vais regarder une comédie romantique à la télé.

e. Sophie va se marier à la fin du mois.

f. Depuis un très jeune âge, beaucoup de jeunes filles rêvent de leur prince charmant.

g. Philippe a déclaré son amour à Sandrine.

h. Au Québec, l'automariage est de plus en plus fréquent.

Piste 33

Grand bien vous fasse, du lundi au vendredi sur France Inter, à partir de 10 heures. Bonjour. Bienvenue dans *Grand bien vous fasse* en direct en Podcast, et on s'intéresse ce matin au plus beau jour de notre vie, paraît-il, quand on a décidé de franchir le pas. Le mariage c'est un jour faste, la fête la plus importante dans les représentations populaires. Mais comment expliquer que la mise en scène des noces soit devenue aussi cruciale, alors que le mariage ne symbolise plus forcément le début du couple avec, bien souvent, une vie de famille qui préexiste à l'événement ? Que symbolise vraiment cette journée exceptionnelle où se marier semble plus important qu'être marié ? Pourquoi les noces sont-elles transformées en instrument pour mettre en scène sa puissance sociale et son individualité, voire son narcissisme ?

Piste 34

a. Tu veux prendre un petit café ?

b. Ce matin, Mathilde a acheté des petits croissants à la boulangerie.

c. Le premier amour est toujours le plus beau.

d. Ce monsieur est venu te chercher le mois dernier.

e. Elle se promenait avec son copain dans le jardin du Luxembourg.

f. Le cinéma français est apprécié partout dans le monde.

g. Je te dis et je te dis et je te répète que je ne veux pas y aller !

h. Ce samedi je veux aller dans le sud de la France.

AUDIO - UNITÉ 5

Piste 35

• Entrez !

○ Bonjour, Monsieur le Directeur !

• Bonjour Mylène. Asseyez-vous, je vous en prie. Comment allez-vous ?

○ Très bien, merci.

• Alors, vous êtes ici pour votre entretien annuel. Donc nous allons faire le point sur ce qui va bien, et ce qui va moins bien. Avez-vous des questions ou des remarques ?

○ Euh... non, non, pas spécialement.

• Alors. D'abord, je vais vous faire part des retours que j'ai eu sur votre travail. Par vos collègues et aussi certains des demandeurs d'emploi que vous accueillez à l'agence.

○ D'accord...

• Pour commencer, il semblerait qu'il y ait des petits problèmes de communication avec votre équipe. On m'a rapporté que vous ne transmettiez pas toujours les informations, en tout cas, pas de manière adéquate.

○ Oh euh, ça m'arrive d'oublier parfois, mais en général, je le fais.

• Oui... Et sous quelle forme ?

○ Ben... souvent sur des petits papiers, que je laisse sur les bureaux.

• Ce n'est peut-être pas la manière la plus efficace. Pourriez-vous envisager d'écrire des mails dorénavant ? Ça ne prend pas plus de temps et l'information se perd moins facilement.

○ D'accord.

• Je compte sur vous, hein ? Et sinon, votre chef de service m'a dit aussi que vous n'êtes pas très ouverte à la critique. Elle me dit que vous n'êtes pas vraiment à l'écoute des remarques qu'elle peut vous faire. En êtes-vous consciente ?

○ Oh euh... Non, je suis pas d'accord. J'écoute bien ce qu'elle me dit.

• Mouais.... Pourtant elle vous a demandé à plusieurs reprises d'envoyer des mails pour transmettre les informations. Est-ce exact ?

○ Euh... oui...

• Mmm... Bon et alors le dernier point, c'est que vous ne semblez pas être très à l'aise avec les autres. Avec vos collègues, mais aussi avec les demandeurs d'emploi que vous recevez. Certains s'en plaignent... On m'a rapporté que vous ne les regardiez pas dans les yeux. Est-ce vrai ?

○ Euh, c'est vrai que je suis très timide alors quand y en a qui sont impressionnants, peut-être que...

• Oui... Mylène, vous le savez, votre poste exige un certain savoir-faire relationnel. Vous êtes ici pour accompagner des personnes qui sont dans une situation difficile, qui ont besoin de votre écoute, et de votre compassion. La première chose, ce serait de capter leur regard, aussi impressionnant qu'il soit. Ne croyez-vous pas ?

○ Si, monsieur le Directeur.

• Bon, alors euh... Tout ce qu'on m'a rapporté n'est pas négatif, hein. Loin de là. Vous avez fait d'importants progrès dans l'organisation de votre travail et vous gérez beaucoup mieux votre temps qu'à vos débuts.

○ Oh oui !

• Vous avez également réussi à bien maîtriser le logiciel. Et puis, vous êtes, semble-t-il, toujours aussi rigoureuse et autonome dans votre travail, ce qui vous rend très efficace dans le suivi des dossiers. Donc, tout cela est très positif.

○ Ah... merci !

• Mais Mylène, je suis vraiment embêté moi, avec ces problèmes relationnels. Ce n'est pas la première fois que je les évoque avec vous en entretien, n'est-ce pas ?

○ Oui...

• Que diriez-vous d'envisager un changement de poste ?

○ Il faudrait voir...

• Vous pourriez peut-être vous consacrer entièrement au travail de bureau pendant quelques temps, perfectionner votre savoir-faire relationnel auprès de vos collègues avant d'envisager d'accueillir le public de nouveau. Qu'en pensez-vous ?

○ Mais... j'aime bien recevoir les gens quand même.

• Ce ne serait que provisoire, en attendant que vous preniez un peu plus confiance en vous. De toute façon Mylène, je crains que ce ne soit pas négociable...

Piste 36

1. Je vous arrête tout de suite ! Il est hors de question que je fasse ça !

2. Oh ! J'ai complètement oublié de faire ça !

3. Ça me touche beaucoup !

4. Je n'en ai aucune idée !

5. J'ai une idée !

6. Qu'est-ce que je pouvais faire d'autre ?

Piste 37

1. Je n'en peux plus d'enchaîner les petits contrats. Je n'en peux plus de changer tous les quatre matins d'entreprise, de collègues. Je me sens à ma place nulle part. Mais surtout, c'est vraiment usant de ne pas savoir combien on va toucher à la fin du mois, ni le mois suivant. Je sais jamais si je vais pouvoir payer mon loyer. Et puis, je peux jamais rien projeter. Vous vous rendez compte : j'ai jamais emmené mon fils en vacances ! Et il a presque 10 ans.

2. J'ai fait une dépression parce que j'étais professionnellement épuisée. Mon entourage ne comprenait pas trop. Ils se rendent pas compte mais c'est un travail d'un ennui mortel. Y a rien de physique, c'est sûr, mais faire la même tâche du matin au soir, c'est vraiment fatigant. Moi, j'avais l'impression de devenir folle.

3. Il nous fixait toujours des objectifs inatteignables et quand on s'excusait de ne pas les avoir atteints, on voyait dans son regard qu'il se sentait tout puissant et qu'il aimait ça. Il avait toujours besoin de sentir qu'il avait l'ascendant sur nous. Et quand un collègue ne se pliait pas à ses désirs, il lui menait la vie dure jusqu'à le faire craquer. Et il en a fait craquer beaucoup, des collègues.

4. C'est sûr que, physiquement, c'est pas un boulot facile. On travaille beaucoup accroupi et courbé et la posture devient vite douloureuse et inconfortable. Et puis aussi, on est sans arrêt en train de porter des charges lourdes. Mais pour moi, ce qui est le plus usant, c'est vraiment de travailler dans un environnement bruyant. On a beau essayer de se protéger, ça rend dingue.

5. Au début, on s'entendait bien. On avait tous les deux l'esprit de compétition et ça nous stimulait au quotidien. Mais petit à petit, ça a dégénéré. C'est devenu de la jalousie et il a commencé à me faire des coups tordus. Je ne pouvais plus rien faire sans qu'il m'observe ou sans qu'il fasse comme moi mais en mieux. C'est vite devenu invivable.

6. Un jour, le PDG m'a convoquée dans son bureau. Il m'a fait comprendre sans jamais me le dire franchement que j'étais virée. Quand j'ai reçu le courrier, j'ai vu qu'il m'accusait d'avoir commis une faute grave. Ça a été vraiment brutal. J'ai pleuré. Je ne comprenais pas. J'ai fini par comprendre

que c'était abusif et j'ai décidé de me battre. C'est là que je suis allée voir un syndicat.

7. Quand j'ai commencé, j'adorais mon travail. J'avais vraiment le sentiment de me sentir utile, d'aider les gens. Mais la réorganisation du service a tout changé. Aujourd'hui, l'objectif est de traiter un maximum de dossiers. C'est plus possible de prendre le temps d'écouter les gens. Si je passe 5 minutes de trop avec des personnes qui sont vraiment en difficulté, je me fais engueuler. C'est pourtant la base du métier, écouter.

Piste 38

Celui qu'on appelle le Steve Jobs africain cumule les prix et les distinctions. Directeur du groupe de presse et de communication Vox Médias depuis 2015, Vérone Mankou est avant tout considéré comme le père du téléphone africain. Retour sur le parcours exemplaire de celui qui incarne la réussite aux yeux de nombreux jeunes africains.

Né en 1986 en République Démocratique du Congo, Vérone Mankou se passionne pour l'informatique dès l'âge de 7 ans, encouragé dans cette voie par son ingénieur de père. Juste après l'obtention de son Brevet de Technicien Supérieur en maintenance et réseaux en 2005, le monde professionnel le sollicite et l'oblige à interrompre ses études. Trois ans plus tard, alors qu'il a tout juste 21 ans, il est nommé Attaché aux nouvelles technologies par le ministère des Postes et Télécoms puis très vite, conseiller du Ministre. Mais Mankou est un entrepreneur dans l'âme et la fonction publique ne satisfait pas sa soif d'entreprendre.

En 2009, il crée VMK. Deux ans plus tard, la société lance la première tablette tactile puis le premier smartphone conçus sur le continent africain. Soucieux de combattre la fracture numérique, Mankou lancent ces produits à un prix très attractif afin de viser tous les budgets. Et les résultats sont très positifs. Alors que la fabrication est dans un premier temps délocalisée en Chine, Mankou décide de construire une usine à Brazzaville en 2015. Son objectif est de tout produire sur le sol africain et il voit en l'Afrique l'usine du monde de demain. Très investi dans la promotion du *Made in Africa*, Vérone Mankou n'a de cesse d'encourager les jeunes africains à entreprendre dans le domaine du numérique. Il œuvre pour faire émerger les talents en créant notamment la fondation Bantuhub en 2013, avec un espace de *co-working* et le premier incubateur de *start-ups* du Congo afin de former et d'accompagner les jeunes créateurs d'entreprise.

Car l'ambition de Vérone Mankou ne s'arrête pas à sa propre carrière, et ce qui l'aura porté si loin, c'est la poursuite de son rêve : faire de l'Afrique une terre de technologie.

Piste 39

a. Possédez-vous des *soft skills* ?

b. Vous êtes bon pour communiquer ?

c. Êtes-vous habile pour résoudre des problèmes ?

d. Est-ce que vous rédigez bien ?

e. Avez-vous une pensée critique ?

f. Est-ce que vous avez l'esprit critique ?

g. Vous savez planifier votre travail ?

Piste 40

a. Qu'est-ce qu'il fait beau aujourd'hui !

b. Quelle est ton idée ?

c. Quelle bonne idée !

d. Où est-ce que vous allez ?

e. Mais où est-ce que vous allez !

f. Est-ce qu'il fait beau aujourd'hui ?

g. Qu'est-ce que c'est facile !

Piste 41

a. C'est un beau bébé

b. Mais ils sont fous !

c. Il est vraiment ivre !

d. Voilà la vallée.

e. Ils sont au bal.

f. Véronique est vietnamienne.

g. Ils font du bruit.

AUDIO - UNITÉ 6

Piste 42

1. C'est seulement en travaillant dur que tu pourras réussir dans cette voie.

2. J'ai diminué la quantité de sucre dans ma recette limitant ainsi son apport calorique.

3. Mon mari parle souvent en dormant.

4. Nous recherchons un ou une assistante parlant anglais et allemand couramment.

5. Ne supportant plus la méchanceté de son chef, elle a démissionné.

6. Le général s'est imposé à la tête de l'État en terrorisant la population.

7. Le gouvernement a réduit les aides accordées aux chômeurs, s'attirant ainsi la colère des syndicats et des associations.

8. Les personnes possédant un diplôme universitaire n'ont pas nécessairement un meilleur salaire que les autres.

9. C'est dangereux de téléphoner en conduisant.

10. Ma voiture étant en panne, je n'ai pas pu aller au bureau ce matin.

Piste 43

Je suis vannier depuis près de trente ans. La vannerie, c'est mon héritage familial. Dans ma famille, on est vannier de père en fils depuis une dizaine de générations ! Tout petit déjà, j'étais passionné. Ça a toujours été une évidence pour moi de perpétuer la tradition familiale.

À l'époque où mon père exerçait, les paniers se vendaient encore bien, mais ce n'est plus le cas. D'une part, les gens préfèrent acheter des produits industriels moins chers et ils ne sont plus très intéressés par la qualité. Et d'autre part, depuis pas mal d'années déjà, la vannerie n'est plus à la mode. J'ai ressenti un manque d'attrait pour mes produits et surtout, une baisse très importante de mon activité.

Pour assurer la survie de mon entreprise, j'ai d'abord cherché à me faire connaître par ma participation à des événements autour des métiers d'art.

J'ai voulu diversifier mon activité en développant l'aménagement de magasins. J'aménageais essentiellement des boulangeries traditionnelles avec des présentoirs à pain. Et puis, comme ma matière première est naturelle, j'ai profité de la mode du bio en mettant l'accent sur l'aspect écologique de la vannerie. Ça m'a permis d'élargir ma clientèle à des magasins bio. Grâce à tout ça, j'ai pu maintenir mon activité à un moment vraiment critique dans la vie de mon entreprise. Et puis, un jour, ma femme a eu une très bonne idée. Elle m'a suggéré de créer un caddie en osier. Ça a très bien marché. Grâce à ce caddie que je vends à des magasins bio, mon chiffre d'affaires s'est nettement amélioré.

Et puis, fort de ce succès, nous avons aussi décidé d'améliorer nos performances commerciales à l'aide d'un stagiaire. Il m'a aidé à moderniser l'image de l'entreprise au moyen de ses idées et de son regard neufs. Il m'a notamment permis d'étendre ma clientèle par le biais d'un site Internet. Maintenant, je vends mes caddies dans toute la France et même dans quelques pays étrangers. Je lui suis très reconnaissant et j'espère bien le remercier prochainement en l'embauchant.

Piste 44

Je suis restauratrice d'œuvres d'art dans un atelier où travaillent 5 autres personnes. J'ai fait mes études à l'école des Beaux-Arts de Nantes mais je ne savais pas encore que je serais restauratrice à cette époque. J'espérais encore devenir une artiste. Aujourd'hui, je n'ai aucun regret. Je fais ce travail depuis 25 ans et je le fais toujours avec la même passion. Je ne peins plus depuis que j'ai fini mes études. Depuis 2 ou 3 ans, j'ai très envie de m'y remettre mais je n'ai toujours pas pris le temps.

Mon travail consiste à nettoyer des tableaux, à les réparer ou encore à les recolorer. Au fur et à mesure que le temps passe, les tableaux se dégradent. La peinture s'écaille et elle jaunit. Certains pigments disparaissent aussi parfois au fil du temps. L'humidité provoque aussi pas mal de dégâts sur les toiles. Parfois aussi, il faut réparer un accroc ou un trou. Dans ce cas, je dois rajouter un peu de matière, de la toile ou bien du mastic. Mes retouches sur les tableaux ne sont pas permanentes. Il est essentiel que mes actions ne soient pas définitives car mes couleurs vont évoluer au fur et à mesure, mais pas de la même manière que celles d'origine. Dans plus ou moins 60 ans, on ne pourra plus les garder et il faudra les retirer. C'est pourquoi mes retouches doivent absolument être réversibles.

Parfois, les artistes recouvrent les tableaux qu'ils pensent avoir raté. Il m'est déjà arrivé plusieurs fois de découvrir une œuvre cachée sous une autre. Dans ce cas, j'amène le tableau chez le radiologue pour confirmer mes doutes. C'est très excitant ! Je travaille sur toutes les peintures à l'huile, quels que soient le support ou la période de création. Ce sont souvent des tableaux de maître, des chefs d'œuvre qui appartiennent à l'Histoire. J'ai déjà travaillé sur des toiles de Courbet, Géricault et bien d'autres... Ça met la pression ! J'ai toujours peur de commettre une maladresse irréparable. Tant que je parviens à ne pas altérer le tableau, tout va bien, mais c'est vraiment une obsession permanente.

Et puis aussi, quand une œuvre est terminée, je la stocke à l'atelier mais je suis toujours hyper anxieuse tant qu'elle n'a pas été livrée parce que les tableaux de maître sont très convoités par les trafiquants et ils pourraient être volés. Bien sûr, l'atelier est très sécurisé, et bien assuré ! C'est essentiel car on travaille avec des œuvres d'une très très grande valeur.

En ce moment, je travaille sur un tableau somptueux de François Boucher. Je n'avais pas encore eu l'occasion de travailler sur une de ses œuvres. Ses couleurs sont toujours très lumineuses mais la surface se craquelle. Pour les retouches, je vais carrément sculpter des craquelures dans le mastic. C'est un travail très fastidieux et il faut faire preuve de beaucoup de patience mais ça me plaît.

Ce que j'aime le moins, c'est enlever le vernis. C'est très long à gratter. On travaille millimètre par millimètre. Et puis, je suis obligée d'utiliser des solvants qui sont toxiques. J'ai beau essayer de m'en protéger, j'en respire forcément.

Je n'aime pas non plus travailler sur les tableaux qui arrivent déjà restaurés et surtout mal restaurés. Je trouve ça irrespectueux. Ça m'agace vraiment de devoir réparer un travail bâclé et mal réalisé. Pour se lancer dans la restauration d'un tableau, on doit être en mesure de le faire correctement, quels que soient la renommée ou le talent de l'artiste.

Moi, j'essaie de me mettre à la place de l'artiste. S'il avait la possibilité de le voir, je voudrais qu'il apprécie mon travail. Ça me motive pour faire du bon boulot, pour faire en sorte que le tableau puisse encore être vu le plus longtemps possible.

Piste 45

- Nous allons parler aujourd'hui d'une œuvre au retentissement exceptionnel : il s'agit de *Fountain* de Marcel Duchamp. Pour en parler avec nous, Jean-Marc Eymard, historien de l'art et spécialiste de l'art contemporain. Bonjour Jean-Marc !

○ Bonjour !

- Alors, Jean-Marc, on dit que l'urinoir, ou plutôt *Fountain*, a suscité la plus grande controverse artistique du xxᵉ siècle...

○ Oui... enfin disons au moins, une des plus grandes. Imaginez : on est en 1917. Déjà, le monde n'est pas prêt au *ready-made*, cet objet manufacturé qu'un artiste choisit, achète et élève au rang d'œuvre d'art simplement en l'exposant. Mais en plus, l'objet en question est un objet aussi vulgaire qu'un urinoir ! Il n'y a rien de surprenant aux très vives réactions de rejet, ni aux moqueries que cette œuvre a provoquées.

- Et comment Duchamp a vécu cette polémique ?

○ Assez bien. On ne le sait pas toujours mais c'est Duchamp qui a tout organisé. En fait, à l'époque, il habitait à New-York et il faisait partie de la Société des artistes indépendants qui organisait son premier salon en 1917. Et euh... le règlement de cette société stipulait qu'aucune œuvre, d'aucun artiste, ne pouvait être refusée au salon. Et Duchamp a voulu tester l'ouverture d'esprit de ce groupe d'artistes, soi-disant très tolérant et libéral. Il a donc présenté son urinoir au comité d'accrochage. L'œuvre y a évidement été très controversée et a fini par être refusée.

- Marcel Duchamp avait de l'humour...

○ Oui !! Et comme il était volontiers provocateur, il est allé beaucoup plus loin avec l'aide d'un ami. Ce monsieur euh... qui était collectionneur, est allé à l'inauguration de l'exposition et il a demandé à voir l'urinoir, sous prétexte de vouloir l'acheter. Et comme il n'était pas exposé, il a fait un scandale ! Et suite à l'exposition, Duchamp a fait paraître des articles sur cette « affaire » dans une revue d'art, dans lesquels il a exprimé ses idées sur l'art, sur le rôle de l'artiste de manière très pertinente et très profonde.

- Encore une œuvre dont le rejet fait la popularité !

○ En effet ! Mais au-delà de cette polémique retentissante, *Fountain* a vraiment marqué un tournant dans l'histoire de l'art contemporain.

- L'histoire de l'urinoir ne s'arrête donc pas en 1917...

○ Non ! Loin de là ! Et l'objet lui-même a vécu pas mal d'aventures par la suite, des aventures souvent teintées d'ironie... Alors déjà, il faut savoir que l'objet original a disparu. On ne sait pas trop ce qui lui est arrivé... En tout cas, ce qui est amusant et presque... scandaleux, c'est qu'on en a fait des répliques. Mais ces répliques, elles ont été sculptées... ou plutôt moulées. Vous vous rendez-compte de l'ironie du sort ? Fabriquer des copies d'un *ready-made*...

- En effet !

○ Et plus récemment, l'urinoir a encore fait couler beaucoup d'encre par le biais de... d'une performance de l'artiste Pierre Pinoncelli. L'urinoir, ou plutôt une copie de l'urinoir était exposée à Nîmes et... Pinoncelli a uriné dedans ! Il a uriné dans l'urinoir ! Alors, certains se sont évidement scandalisés, mais... moi je trouve cette démarche tout à fait intéressante parce que, ben, d'abord, c'est un très bel hommage à l'esprit provocateur et euh... subversif de Duchamp. Mais aussi et surtout, c'est quand même fantastique d'avoir rendu sa fonction première à un objet qui l'avait perdu pour accéder au statut d'œuvre d'art. Oui... je trouve ça formidablement drôle et je suis certain que Duchamp aurait beaucoup apprécié.

Piste 46

- Inspecteur, inspecteur ! Que s'est-il passé ?
○ Je peux rien vous dire.
- C'est un homicide ?
○ Je peux rien vous dire, j'vous dis. Vous êtes journaliste ?
- Oui.
○ Alors, attendez le communiqué de presse et laissez-nous travailler.
■ Moi, je sais ce qui s'est passé...
- Vous avez vu quelque chose ?
■ Un peu que j'ai vu quelque chose ! D'ailleurs, la police vient de recueillir mon témoignage. Je regardais par ma fenêtre quand ça s'est passé. J'habite juste au-dessus de la boulangerie, là. Au premier. Alors, vous voyez, j'étais aux premières loges.
- Alors qu'est-ce qui s'est passé ? C'est un meurtre ?
■ Oui.
- Vous en êtes sûre ?
■ Un peu que j'en suis sûre. Je vous dis que j'ai tout vu !
- Mais qu'est-ce que vous avez vu exactement ?
■ Ben la femme, la victime. Pauvre femme... Une très belle femme, blonde, tiens, avec un tailleur rouge magnifique. Elle est arrivée par là avec cet homme qui lui hurlait dessus. Et puis, ils sont rentrés dans l'immeuble là en face. Et après j'ai entendu les coups de feu. Salaud !
- Vous l'avez vu repartir ?
■ Non, je l'ai pas vu partir parce que j'avais quelque chose sur le feu, alors j'étais dans la cuisine. Mais j'ai très bien entendu les coups de feu.
- Comment il était cet homme ?
■ Un monsieur très mince, un peu maigre même. Il était blond lui aussi, avec une petite barbe bien taillée... Il portait un grand manteau noir, très élégant.
- C'est tout ce que vous avez vu ?
■ Ben oui. mais ça suffit bien. Croyez-moi, vu comme il lui criait dessus, ça ne fait aucun doute que c'est lui qui l'a tuée.
- Merci madame. Je vais voir au bar, ils ont peut-être vu l'homme repartir. Bonsoir.
■ Bonsoir. Et je m'appelle madame Papon, si vous voulez me citer dans votre journal.
- Bonsoir !
♦ Bonsoir. Qu'est-ce que je vous sers ?
- Un café, s'il vous plaît...
- J'aimerais savoir... Vous avez vu quelque chose ? Vous savez ce qui s'est passé en face ?
♦ J'ai rien vu, non, juste entendu les coups de feu, mais je sais deux trois trucs parce que mon beau-frère est policier. C'est lui qui est arrivé le premier sur les lieux. Il a profité d'être dans le quartier pour venir boire un coup, alors il m'a raconté un peu...
- Merci. Qu'est-ce qu'il vous a dit ?
♦ Ben, c'est un double meurtre apparemment. Une femme et un homme.
- Ah bon ? Ils ont été tués comment ?
♦ Dans le hall de l'immeuble. Deux coups de feu. Un chacun : bing et bang. Une vraie exécution ! C'est vraiment sordide !
- On sait qui a fait ça ?
♦ Pas du tout. Enfin pas encore. Ils cherchent des témoins, ils sont en train d'interroger tout le monde dans l'immeuble.
- Hum... Je vais aller voir à la boulangerie s'ils ont vu quelque chose. Tenez... Gardez la monnaie. Merci et bonne soirée !
♦ Merci. Bonne soirée à vous !
- Bonsoir madame.
◇ Bonsoir madame, vous désirez ?
- Oh je vais en profiter pour prendre une baguette mais je voulais surtout savoir si vous aviez été témoin de quelque chose cet après-midi.

◇ Ben oui... Ça s'est passé en fin d'après-midi, au moment où j'ai pas trop de clients. Et j'étais en train de nettoyer la vitrine, alors...

• Racontez-moi !

◇ Je sais pas si je peux...

• Ne vous en faites pas. J'ai ma carte de presse si ça peut vous rassurer...

◇ Non, non... Laissez faire. Après tout, y a pas de mal... Ben en fait, j'ai vu un homme et une femme arriver de ce côté. Ils avaient l'air bien énervés.

• On m'a dit que l'homme criait sur la femme ?

◇ Non, pas du tout. Il vociférait mais pas sur la femme je pense. Je pense qu'il lui était arrivé quelque chose, mais quoi ? Ça, je sais pas. La femme avait plutôt l'air de partager son énervement. En tout cas, ils ont sonné à la porte de l'immeuble, on leur a ouvert et ils sont rentrés.

• Vous savez chez qui ils allaient ?

◇ Non. Absolument pas. Je ne les avais jamais vus avant. Peut-être chez le dentiste au deuxième... En tout cas, tout de suite après, j'ai vu un homme arriver en courant, qui avait l'air très énervé lui aussi. Il a profité que la porte ne s'était pas complètement refermée pour la pousser et entrer dans l'immeuble. Et à peine une minute plus tard, j'ai entendu les deux coups de feu. L'homme est sorti et il est reparti en courant de là où il venait.

• Vous pouvez le décrire ?

◇ Oh, c'était un très grand bonhomme. Dans le genre armoire à glace vous voyez. Chauve avec une veste à carreaux. Mais je ne l'ai pas très bien vu.

‡ Salut Colette ! Ça va ?

◇ Ça va et toi ?

‡ Tu sais pourquoi il y a la police ? C'est pas pour l'accident de tout à l'heure quand même ?

◇ Quel accident ?

‡ Au carrefour, tout à l'heure. T'as pas vu ?

◇ Non, pas du tout.

‡ Ah... Ben pourtant, ils ont fait un scandale dans toute la rue !

• Qu'est-ce qu'il s'est passé ?

‡ Ben pas grand-chose. Une camionnette qui a percuté une belle voiture décapotable. Il y a pas eu trop de casse mais ça a failli tourner en bagarre.

• Ah oui ?

‡ Oui ! C'était un couple dans la voiture et le type, il a hurlé après le conducteur de la camionnette. Ça m'étonne que t'ais rien entendu parce qu'ils sont venus par ici, le couple, et le type il hurlait, il hurlait. Il était furieux !

• Vous pouvez les décrire ?

‡ Ouais... euh... une jolie dame, en rouge, et un gringalet avec un manteau noir. La trentaine tous les deux.

• Hum... Et le conducteur de la camionnette ?

‡ Oh, lui, c'était pas un gringalet, pour sûr ! Un type immense, un gros costaud. Au moins 110-120 kilos. D'ailleurs, j'ai trouvé le gringalet bien courageux parce que vu le bonhomme, moi j'aurais fermé ma gueule vite fait !

• Vous vous souvenez des vêtements qu'il portait ?

‡ Euh... un jean et une veste à carreaux je crois.

• Merci bonsoir, monsieur. Bonsoir !

◇ Madame ! Votre baguette !

Piste 47

Vous avez honte d'aimer les faits divers ? Je suis là pour vous aider. Si à 50 ans t'as pas eu ton fait divers est-ce que t'as raté ta vie ? C'est ce que devais penser Érostrate alors il a brûlé le temple d'Éphèse, ce qui n'était pas bête comme calcul. Aujourd'hui on se souvient de lui mais personne ne connaît le nom de l'architecte qui a construit ce temple, l'une des sept merveilles du Monde pourtant. Il pose une bonne question Érostrate : le fait divers peut-il être considéré comme un accomplissement ? Cette question c'est l'objet de la nouvelle de Sartre qui justement s'appelle *Érostrate*. Ce court texte qui date de 1936 est une forme de réponse au romantisme qui entoure la figure des grands criminels. C'est une réplique à la fascination qu'inspiraient les auteurs de crime, notamment chez les surréalistes. Alors, j'en profite pour faire une petite parenthèse pédante : l'amour des criminels ça a un nom, ça s'appelle l'enclitophilie et pour qu'il n'y ai pas de malentendus je précise que « enclitos » ça signifie ce qui est blâmable en grec. Enfin, revenons à Érostrate : le héros de la nouvelle de Sartre déteste l'humanité. Il a un revolver et il compte bien s'en servir. Il veut commettre un crime, un crime gratuit, certes, mais contrairement à Lafcadio chez Gide, ce n'est pas la gratuité qui l'intéresse, c'est le crime lui-même. Il veut tuer et depuis qu'il a ce projet il va mieux, il se trouve plus beau. « Dans la glace où j'allais parfois me regarder, je constatais avec plaisir les changements de mon visage. » Il a maintenant de beaux yeux d'artiste et d'assassin mais il compte changer bien plus profondément encore après l'accomplissement du massacre. Il a vu les photos des sœurs Papin et ça l'a convaincu. Il croit aux vertus du relooking par le crime. Notre apprenti meurtrier s'amuse alors au jeu de l'avant / après, que les lecteurs de magazines féminins connaissent bien. Avant, les visages des sœurs Papin se balançaient comme des fleurs sages au-dessus de cols de piqué. Elles respiraient l'hygiène et l'honnêteté appétissante. Les deux sœurs sont même rassurantes avec leur ressemblance bien pensante. Après les meurtres, écrit Sartre, leur face resplendissait comme des incendies. Elles avaient le cou nu des futures décapitées, des rides partout, d'horribles rides de peur et de haine, des plis, des trous dans la chair comme si une bête avec des griffes avait tourné en rond sur leur visage. En effet, on comprend mieux que ça lui fasse envie une telle transformation. Ce changement ouvre de grandes perspectives. « Le crime bouleverserait ma laideur trop humaine. » Notre héros est enthousiaste, il y croit, c'est la politique du « Je nuis donc je suis ». La fin de l'histoire est moins rutilante. Il sort dans la rue, tire un peu au hasard, tue quelqu'un, se réfugie dans les toilettes d'un café où il est fait comme un rat. Il place le canon de l'arme dans sa bouche pour se suicider mais il n'y arrive pas alors il ouvre la porte, laisse tomber le revolver et se rend pitoyablement. Voilà comment finit notre homme au projet grandiose. Lamentable, lâche, coincé dans des gogues sordides. L'aura du criminel en prend un coup, l'antihumanisme aussi. Et Sartre de nous dire que toutes ces fascinations, toutes ces admirations pour Landru, pour Violette Nozière, pour les sœurs Papin, c'est du bidon. À trop y croire on finit par se prendre un mur, « Le mur » comme le recueil dont est tiré *Érostrate*, la nouvelle de Sartre.

Piste 48

Au premier plan, on voit le dessus de ce qui semble être une table. La table est recouverte d'une nappe jaune sur laquelle des lignes verticales et horizontales tracent des carreaux. Sur la table, à gauche, est posé un panier garni de nombreux fruits qui apportent quelques touches de vert, d'orange et de rouge. En bas à droite du tableau, un vase jaune contient un immense bouquet de fleurs jaunes et blanches qui s'élève presque jusqu'en haut du tableau. Les contours du bouquet ne sont pas nets et se confondent avec le fond. Quelques touches noires figurent le cœur des fleurs. Un oiseau rouge vole juste au-dessus du bouquet.

Au second plan, un couple, peint dans un dégradé de tons bleus, contraste avec la tonalité jaune du tableau. Ils se tiennent debout, l'un contre l'autre, mais leurs pieds ne semblent pas toucher le sol, comme s'ils volaient au-dessus du panier de fruit. L'homme est plus sombre que la femme. Ses cheveux et le haut de sa veste sont noirs. Il enlace la femme dans ses bras et se penche légèrement sur elle. Inclinée vers l'arrière, la femme semble presque s'appuyer sur le bouquet. On distingue mal son visage qui est dans l'ombre. Le bas de sa longue robe semble éclairé par une lumière venant du bouquet. Des lignes horizontales et verticales bleu clair rappellent les carreaux de la nappe. L'oiseau semble lui toucher les cheveux avec son bec et leur donner une teinte légèrement rouge.

À l'arrière-plan, derrière le couple, on devine une fenêtre ouverte. À travers l'ouverture de la fenêtre, on distingue la lune qui brille dans un ciel plus jaune que noir ou bleu.

Piste 49

Il y a un siècle, il y avait des milliers de souffleurs de verre en Belgique. Aujourd'hui, ils ne sont plus que quelques-uns. Celui que nous avons rencontré a décidé de plaquer sa carrière de commercial pour se lancer dans le travail du verre. Voici la « belge histoire » de Christophe et c'est signé Fiona Collioni.

Piste 50

a. De nos jours, il y a de moins en moins d'artisans.

b. Les forgerons, c'est un métier en voie de disparition.

c. Actuellement, les montres et les horloges se font de manière industrielle.

d. La fabrication de tissus artisanaux devient très chère.

e. Les broderies faites à la main sont très belles, mais difficiles à trouver.

f. Les pays industrialisés cherchent des produits artisanaux dans les pays pauvres.

g. L'Unesco met en valeur le travail des artisanes du nord de l'Afrique.

h. Nous devons tout faire pour que le métier d'artisan subsiste dans le monde.

Piste 51

a. Nous savons tout ça.

b. Vous avez ce poème ?

c. Les douces violettes.

d. C'est une belle rosse !

e. Il prépare des poisons.

f. J'adore le désert !

g. Voilà la première face.

h. Lissez cette feuille.

AUDIO – UNITÉ 7

Piste 52

• « Chocolatine » ou « pain au chocolat » ? Ah, aucune hésitation, « chocolatine » !

◦ C'est une douceur appréciée du plus grand nombre et pourtant son seul nom suffit à couper la France en deux. Dans cette boulangerie toulousaine, le même mot sur toutes les lèvres.

▪ La « chocolatine ».

◦ Sans hésitations ?

▪ Oui.

◦ Pas « pain au chocolat ».

▪ Non.

♦ C'est le vocabulaire de mon enfance donc j'ai pas envie d'en changer.

◊ J'ai commencé à dire « chocolatine » quand je suis arrivée à Toulouse.

▪ Franchement c'est pas très grave, si c'est bon c'est le principal.

◦ Irréductible « chocolatine » face au « pain au chocolat » qui s'impose largement.

◦ Qu'est-ce que c'est pour vous ça ?

♦ Un « pain au chocolat ».

◊ Moi j'appelle ça un « pain au chocolat ».

• Un « pain au chocolat », tout simplement.

◦ Et pourquoi vous appelez ça un « pain au chocolat » ?

• Parce que j'suis parisien !

◦ L'éternel clivage souligne la persistance de certaines expressions locales. Par exemple...

▪ Un crayon gris ici, oui.

◦ Un crayon gris ?

♦ Un crayon à papier.

◊ Un crayon à mine.

• Un crayon gris, à crayon à papier, un crayon

◦ Demandez un crayon à papier à Paris on vous dessinera un crayon de bois à Nantes et c'est encore plus brouillon quand on parle chiffon.

◦ Comment est-ce que vous appelez ça ?

• Moi j'appelle ça une « serpillère ».

▪ Moi pareil.

♦ Une « pièce », parfois y en a qui appelle ça une « pièce » aussi.

◊ Une « serpillère ».

◦ Ou sinon ?

▪ Un « torchon ».

◦ Des cartes qui prêtent à sourire mais sur lesquelles ce linguiste a travaillé très sérieusement car elles illustrent un patrimoine à préserver.

♦ Ce qu'on voit aujourd'hui c'est que la linguistique ou les régionalismes linguistiques du langage sont un peu les derniers remparts si on veut pour affirmer son identité régionale, son appartenance à une région.

◦ Des identités locales à ne pas mettre dans le même sac, ou poche, ou pochon, ou sachet.

Piste 53

• L'humeur du matin, Guillaume Erner.

◦ Ils en parlèrent et ils eurent beaucoup de discussions, grand débat aujourd'hui dans le journal *Le Parisien* sur l'enseignement du passé simple.

▪ Oui. Faut-il revenir sur l'enseignement du passé simple ? Les élèves maîtrisent mal la conjugaison des verbes au passé simple, ce qui déplaît évidemment au ministre de l'éducation, d'où un débat non pas sur le temps qu'il fait mais sur le temps qu'il faut et c'est vrai que le passé simple est l'un des temps les plus étranges, Xavier, de la langue française, qui, par exemple, a décidé de nous faire dire « vous eûtes ». Faut-il dire « vous frémîtes », « vous frémîre », « vous frémissâsse » ? Tout cela doit bien faire braire les élèves. Tiens, à propos Xavier, quel est le passé simple du verbe braire ?

◦ Ah vous me prenez en défaut.

▪ Je vais vous dire parce que « braire » comme « traire » et « stupéfaire » et bien ne se conjuguent pas au passé simple. Plus généralement, la bataille du passé simple et la bataille pour les temps rares, y paraît d'ailleurs que les bibliothèques verte et rose, *Le club des cinq*, que vous aimez tant, par exemple, est réécrit au présent et pourtant le PS existe encore, le PS c'est le passé simple. Le passé simple existe encore mais à la troisième personne du singulier surtout et lorsqu'il s'agit de marquer une action passée instantanée, comme « il conjugua », il est de moins en moins enseigné à la première personne du singulier et c'est ça en ce moment qui fait débat au sein de l'éducation nationale.

Piste 54

- Pour conclure ce reportage sur la nouvelle réforme de l'orthographe, nous allons donner la parole à deux professeurs de français. Chimène, professeure de lycée et Yann, professeur de collège. Alors première question, que pensez-vous de la récente réforme qui vise à simplifier l'orthographe. Chimène ?
- Moi, je considère que c'est du grand n'importe quoi ! Non mais, où va-t-on ? Simplifier notre belle langue en supprimant les accents circonflexes, les traits-d'union, le pluriel des mots composés... Ce sont toutes ces subtilités qui font le charme de la langue de Molière !
- Selon vous, la langue française est belle parce qu'elle est compliquée ? Ce que vous dites n'a pas de sens... Si toutes ces bizarreries peuvent être un jeu pour certains, c'est un casse-tête cauchemardesque pour la majorité et...
- Donc, sous prétexte que l'apprentissage de la langue est trop difficile, on devrait faire plaisir aux plus faibles et aller vers un nivellement par le bas ?
- Arrêtez de m'interrompre et laissez-moi finir mes interventions ! De mon côté, j'estime que le français est une langue vivante et donc qu'elle doit vivre et évoluer au fil du temps. Je ne crois pas que cette évolution soit synonyme d'appauvrissement de la langue ! Bien au contraire...
- Yann et Chimène, êtes-vous des partisans de la dictée ? Chimène ?
- Mais oui, certainement ! La dictée est un excellent outil pour améliorer les capacités d'écoute et de compréhension. En outre, elle permet aux élèves d'apprendre la graphie des mots.
- Yann, êtes-vous du même avis ?
- Absolument pas ! Pour plusieurs raisons : d'abord, la dictée ne permet pas de développer l'esprit critique des élèves, elle oblige à accepter les règles sans discuter. Ensuite, la dictée est une perte de temps ! On ferait mieux d'utiliser le temps de la dictée pour faire des activités plus créatives qui permettent l'expression de soi à travers la communication orale. Enfin, la dictée favorise la compétition entre les élèves.
- Effectivement, vous avez raison sur ce dernier point. Mais justement, ne doit-on pas préparer nos élèves à la réalité du monde... notamment professionnel ?
- Non, je ne suis pas sûr que ce soit notre rôle de les préparer à se comporter comme des loups !
- Vous faites de la démagogie ! Quand vos élèves enverront des lettres de motivation truffées de fautes d'orthographe, il ne faudra pas qu'ils s'étonnent d'être rejetés...
- Je vous l'accorde. C'est vrai que ça se passe comme ça parfois, et je trouve cette discrimination, considérée comme légitime, inconcevable ! C'est aberrant qu'on émette un jugement de valeur sur les gens sur la base de leur orthographe. J'espère bien que dans quelques années, les mentalités auront un peu changé !
- Yann, Chimène ? Une dernière phrase pour terminer ?
- Vous savez, le turc fait partie des langues faciles à apprendre : on l'écrit comme on le parle. Moi, j'aimerais qu'on tende vers cela, que l'on soit plus flexibles et plus tolérants. Apprendre le français ne devrait pas être vécu comme un parcours du combattant. Une simplification de certaines règles réduirait le stress de nos élèves et augmenterait leur plaisir d'apprendre.
- Pour ma part, je suis de celles et ceux qui pensent que le plaisir vient avec l'effort, qu'on doit surmonter les épreuves de la langue, l'apprivoiser pour l'aimer encore plus fort.

Piste 55

a. Ce débat sur la féminisation des métiers est inintéressant.
b. Certains verbes comme aller, faire ou pouvoir sont irréguliers.
c. Apprendre le passé simple est inutile.
d. Juger les gens sur leur orthographe est inacceptable.
e. Supprimer l'accent circonflexe est impensable.
f. Passer autant de temps à apprendre des règles de grammaire alambiquées est infondé.

Piste 56

- Bonsoir Géraldine.
- Salut les boboys !
- Bon alors que trouve-t-on au rayon pop culture ce soir Géraldine ?
- Alors ce soir je viens vous parler d'un Tumblr, un Tumblr hein vous savez c'est une sorte de blog amélioré. Bref ce Tumblr s'appelle *Les boloss des belles lettres*, il a été créé en septembre dernier et il a pour particularité de revisiter les classiques de la littérature en langage des cités. Mais avant toute chose, est-ce que vous savez ce qu'est un « boloss » ?
- Et bien un boloss en langage jeune c'est une pauv' type c'est ça ?
- Voilà. Un boloss c'est un gros nuloss, c'est un ringardoss, bref un type pas cooloss. Et bien *Les boloss des belles lettres* proposent des fiches de lecture de canons de la littérature comme *La divine comédie*, *Le procès* ou *Lorenzaccio* en parodiant le langage jeune, version boloss donc, soit-disant bas de plafond mais en réalité très imagée et inventive. Alors, pour que vous vous fassiez une petite idée, voici comment *Les boloss des belles lettres* résument *Madame Bovary*. Donc je vais vous lire une version de leur texte que j'ai un peu raccourci et je vais possiblement m'humilier. Bon, j'y vais : C'est l'histoire d'un keum pas trop bien dans sa peau à l'école, il est absent et tout, tu sens l'malaise en lui, il s'appelle Charles Bovary. Ensuite il rencontre une petite zouz campagnarde pas dégueulasse, elle s'appelle Emma, c'est elle le héros, c'est Madame Bovary. Ensuite ils se marient, ils vont habiter dans une p'tite bourgade bien paumée. Emma elle se fait chier donc elle commence à toucher la nouille de quelques keums qui passent. Après Emma elle se fait jeter de tous ses keums, après elle est trop déprimée, elle se suicide et du coup Charles Bovary il a tellement le seum qu'il crève aussi. Bref, une putain de vie de merde, c'est Madame Bovary.
- Bravo, bravo, non mais c'est bien, c'est très très bien résumé Géraldine. Bon en même temps faut comprendre toutes les subtilités du langage.
- Alors bien sûr faut être un peu familier de ce jargon ou avoir écouté beaucoup de rap français mais vous pouvez vous faire aider d'un jeune par exemple et apprendre des tas de nouveaux mots.
- Et qui se cachent derrière ces *boloss des belles lettres* ?
- Et bien les deux auteurs du blog sont deux lettrés qui ont lu tous les classiques dont ils parlent hein, et ce sont amusés à les résumer à leur façon. Il y a Quentin, 21 ans, qui a fait Hypocagne et est en 3e année de Lettres modernes à Rennes et Michel, 34 ans, qui a lui-même fait des études littéraires assez poussées.
- Géraldine dites-nous, ces boloss là, ils font ça pour quoi ? Pour encourager les jeunes à lire des livres ou alors c'est quoi ? C'est pour les aider à réviser le Bac de français ?
- Alors, y a aucune visée pédagogique. L'idée est simplement de parler des chefs-d'œuvre de la littérature de manière décomplexée, de les dépoussiérer un peu et de révéler leur modernité. Enfin c'est surtout pour faire rigoler les lecteurs, hein, vous l'aurez compris.
- Oui ça on a compris oui.

○ Mais bon même s'ils se défendent de faire ça pour promouvoir la littérature leurs petits résumés et les détails surprenants qu'ils relèvent dans certaines œuvres sont tellement bien vus qu'ils donnent réellement envie de les lire ou bien sûr en ce qui me concerne, de les relire.

Piste 57

• Votre réaction, Leila Slimani ?

○ Il a totalement raison. Moi, je pense qu'il a vraiment… il met le doigt sur quelque chose qui est essentiel, c'est-à-dire sur la valorisation de la diversité. Il faut pas penser la francophonie comme une espèce de chose où la France serait au centre. On aurait cet hexagone qui serait central et puis une périphérie comme ça, ghettoïsée dans laquelle il y aurait des artistes qui parleraient français. C'est pas du tout ça. Je pense qu'aujourd'hui vraiment, la modernité de la francophonie c'est de penser à un espace divers, dans lequel cette langue fait lien, et dans lequel il y a des artistes de même qualité, de même force, et dont la langue finalement permet justement de faire émerger des artistes qui pourraient avoir du mal. Donc diversité, décentralisation, il a absolument raison.

• Pourquoi avez-vous accepté cette mission, Leila Slimani ? Comment vous êtes-vous dit que finalement, vous aviez quelque chose à apporter à la francophonie et au français ?

○ Ça c'est une excellente question. D'ailleurs, on ne me l'a jamais posée, mais c'est une excellente question. Et bien, j'ai accepté parce qu'un jour, quand je venais de sortir mon livre *Sexe et mensonges*, j'ai fait une émission à… Voilà, *Sexe et mensonges* qui parle de la sexualité des femmes au Maroc. J'ai fait deux émissions à la suite. Une émission en France et une émission au Maroc. En France, je me suis trouvée dans une émission avec quelqu'un qui m'a dit : « Mais pourquoi vous écrivez en français ? Et finalement vous écrivez en français. Mais si vous écrivez sur le Maroc en français, ça n'a aucun sens. » Niant complètement le fait qu'au Maroc il y a une culture francophone et que le Maghreb est une région du monde plurilingue, où on parle plusieurs langues. Et ensuite je suis arrivée au Maroc, de nouveau j'ai présenté le livre et je me suis trouvée face à un journaliste qui m'a fait le même reproche : « Mais finalement, vous êtes une colonisée, vous êtes une traître. Vous, vous êtes une occidentalisée. » Et je me suis dit, mais c'est quand-même incroyable qu'en 2017… en 2018 on soit obligé encore de se justifier quand on fait le choix d'une langue et quand on vit dans un monde qui est à ce point globalisé, ouvert, où on parle plusieurs langues. Moi, le français, c'est ma langue. Et je trouve ça triste qu'on soit encore dans ce vieux schéma. Donc j'ai envie, voilà, de pousser et de soutenir une vision différente, désidéologisée de la langue, où on peut parler plein de langues en même temps sans avoir constamment à se justifier. Donc, je crois que c'est ça qui m'a vraiment convaincue.

Piste 58

a. Mais c'est incroyable que tu veuilles toujours avoir raison.

b. Chaque fois que nous voulons entrer dans ce musée, il est fermé.

c. Parler au moins une langue étrangère est indispensable à tout professionnel.

d. Un nombre important d'étudiants de français trouvent que la prononciation est difficile.

e. La francophonie ne consiste pas à parler le français mais à aimer la langue et les cultures francophones.

f. Le français est une bonne alternative à l'hégémonie de cette langue envahissante qu'est l'anglais.

g. Apprendre une langue est non seulement l'apprentissage de la grammaire et du lexique, mais découvrir la manière de vivre des gens qui la parlent.

h. La communication ne passe pas uniquement par les mots, mais aussi par les mouvements du corps.

Piste 59

a. Mais c'est incroyable !

b. C'est extrêmement difficile !

c. Il est absolument odieux !

d. Ce problème est totalement absurde.

e. Mais, écoutez ce que je vous dis !

f. C'est inouï ce que le gouvernement veut faire !

g. C'est en forgeant qu'on devient forgeron.

h. Si vous voulez transformer le monde, allez-y !

Piste 60

a. Il est bien rôti.

b. Ça, c'est un lot !

c. C'est joliment paré.

d. Ils sont dans le bal.

e. Il faut allonger le col.

f. Je cherche des pairs.

g. En voilà, des laids.

Piste 61

• Bonjour à tous ! Je vous propose de découvrir le sujet de notre émission avec une petite devinette. Écoutez bien : « Je viens de fêter mes 60 ans, mais j'en parais toujours entre 15 et 25. Je suis connue dans le monde entier. À ce jour, j'ai exercé plus de 150 professions. J'ai même été présidente. J'ai un petit ami et, de nombreux amis mais j'ai surtout de très nombreux clones, plus ou moins ressemblants. Aucun d'eux n'a toutefois pu éclipser ma notoriété et c'est grande, mince et blonde que tout le monde me connaît. Je mesure 29 cm et mon sourire ne me quitte jamais. Qui suis-je ? »

Piste 62

• Vous avez deviné ? C'est la poupée Barbie, bien sûr ! Pour en parler avec nous, nous accueillons, Anne-Lise Lopes, sociologue, qui vient de publier un livre sur les relations qu'entretiennent les enfants avec leur poupée. Bonjour Anne-Lise !

○ Bonjour !

• Alors, Jacqueline, pour ce soixantième anniversaire, Mattel, la société qui commercialise Barbie, a lancé de nouvelles versions qui font couler pas mal d'encre : notamment, une version transgenre, une version voilée et deux autres handicapées. Doit-on y voir une stratégie marketing ou bien le reflet d'une société en mutation ?

○ Les deux, sans aucun doute. Alors, coup marketing, oui, évidemment. Mattel a subi de très fortes pertes ces dernières années et la société s'est énormément investie pour changer l'image de Barbie. Le message derrière tout cela, c'est clairement que Barbie est le reflet de la diversité. Et euh… Et tout cela, c'est aussi oui, le… le reflet de l'évolution sociétale, parce que euh…, simplement, si Mattel revendique cette image de diversité, c'est parce que le marketing de la marque évolue sous la pression des critiques qui émanent de la société. Des critiques que ce jouet suscite d'ailleurs depuis… sa création ! Quand on a reproché à Barbie de dévaloriser l'image de la femme, ils lui ont donné des professions valorisantes. Astronaute par exemple. Quand on a reproché à Barbie d'être trop racisée, ils ont créé des versions ethniques : noires, hispanos, asiatiques, etc. Et quand on a reproché aux Barbie de rendre les petites filles anorexiques, ils ont lancé des versions plus rondes.

- Il faut dire aussi que la marque a commis d'effroyables maladresses, n'est ce pas ?
○ Oui ! Rendez-vous compte, cette poupée qui a des mensurations déjà euh... inatteignables a été vendue dans les années 1960 avec, comme accessoires, une balance et un guide minceur ! Sans parler des Barbie qui disaient des phrases comme « Aurons-nous un jour assez de vêtements ? » ou « J'adore faire du shopping ! » De même, pour les premières versions noires de Barbie, Mattel s'était contenté de lui colorer la peau et les cheveux. On ne peut pas dire que ce soit la meilleure manière de valoriser la beauté noire... Et ils auront attendu 12 ans pour la doter de cheveux crépus et de traits différents.
- Mais alors ce qui justifie toutes ces critiques, c'est aussi qu'on suppose que les poupées influencent les petites filles dès leur plus jeune âge, non ?
○ Oui, alors des études semblent montrer qu'en effet, Barbie aurait des conséquences négatives sur l'image que les petites filles ont d'elles-mêmes. Franchement moi, je reste sceptique. Je trouve qu'on octroie beaucoup de pouvoir à ce morceau de plastique. 97 % des petites filles américaines possèdent une Barbie et chacune en a même 7 en moyenne ! Est-ce que la plupart des Américaines sont anorexiques ? Non. Est-ce que 3 % seulement ont des idées féministes ? Non plus ! Arrêtons un peu de diaboliser cette poupée. N'oublions pas que la construction de l'individualité repose sur de très nombreux facteurs. à part dans quelques cas, aussi exceptionnels qu'effrayants d'ailleurs, qui ont eu abusivement recours à la chirurgie pour ressembler à Barbie, je ne crois pas du tout à l'influence de la poupée sur l'enfant. Selon moi, le jouet, c'est un support pour l'imaginaire, pas un modèle d'identification. D'ailleurs, une autre étude a montré que les petites filles maltraitaient leur Barbie d'une manière impitoyable, contrairement aux autres poupées, et pour certains, c'est leur manière de refuser les normes physiques véhiculées par la poupée. Autrement dit, Barbie encouragerait les petites filles à se rebeller contre les diktats de la beauté !

Piste 63

- Et pour clore à la fois notre émission et notre visite de Québec, nous sommes allés dans une « joujouthèque », l'équivalent de nos ludothèques. Nous avons demandé à des adhérents de nous présenter des jeux traditionnels canadiens. Écoutons Rick, qui a 25 ans et qui est originaire de Montréal...
○ Alors moi, j'ai envie de vous parler du Crokinole parce que c'est un jeu sur lequel je trippe. On peut y jouer à un contre un ou en équipe de deux. On a besoin d'un plateau rond, de plus ou moins 80 cm de diamètre et de 24 jetons de deux couleurs différentes, une pour chaque joueur ou pour chaque équipe. Sur le plateau, il y a trois cercles concentriques et un trou au centre. On joue chacun son tour pour placer ses jetons le plus près possible du centre ou encore mieux dans le trou du milieu. Et en même temps, on essaie de déplacer les jetons de l'adversaire puisque à la fin c'est celui qui a le plus de points qui gagne. Pour tirer, on place ses jetons dans sa zone de tir, sur le cercle extérieur, et on tire avec une petite « pichenette » du doigt : paf ! Ah oui, et sur le plus petit cercle, il y a des bornes, donc des... petits obstacles pour avoir de la misère à atteindre le centre du plateau. C'est vraiment un bon jeu d'adresse. La partie s'arrête quand tous les jetons ont été lancés. Et à la fin, on compte les points : 20 points pour les jetons tombés dans le trou, 15 pour ceux qui sont dans le cercle intérieur, 10 pour ceux qui sont dans le cercle du milieu et 5 pour ceux qui sont dans le cercle extérieur. C'est vraiment le fun ce jeu. C'est drôle et très convivial, même à deux !

- Nous avons aussi rencontré une compatriote ! C'est Jeanne, qui est française donc, mais qui est installée à Québec depuis de nombreuses années maintenant. On lui donne la parole.
○ Moi, j'adore jouer et je trouve qu'il y a des jeux vraiment sympas ici. Je vais vous parler du jeu du tock parce que c'est très proche du jeu des petits chevaux qu'on a en France mais c'est vraiment beaucoup mieux ! Alors, pour jouer, il faut un plateau, 4 pions par joueur et un jeu de 54 cartes. Alors ça dépend du plateau qu'on a, mais on peut y jouer à deux, quatre ou six. Je crois même que certains plateaux sont adaptés pour jouer à 8. En tout cas, sur le plateau, il y a des cases qui tracent un parcours sur lequel on va déplacer les pions dans le sens des aiguilles d'une montre. Et il y a aussi ce qu'on appelle les « maisons ». Chaque joueur en a une. Et l'objectif, c'est simplement d'être le premier à rentrer tous ses pions dans sa maison. Alors, ce qui est très sympa par rapport à nos petits chevaux, c'est qu'on ne joue pas avec des dés mais avec des cartes et ça change tout. Au début du jeu, on a 5 cartes chacun et à chaque tour, on en joue une pour déplacer un pion. Alors, quand on joue certaines cartes, par exemple le 8, on va simplement avancer de 8 cases mais avec d'autres cartes, il y a des règles spécifiques. Par exemple avec le roi, j'avance de 13 cases mais en plus, je peux prendre tous les pions sur ma route. Le 4, lui, il oblige à reculer de 4 cases. Si j'ai un valet je vais pouvoir échanger un pion contre n'importe quel autre pion du plateau etc. Bon, il y a pas mal de petites règles à connaître, c'est un peu compliqué au début mais après c'est vraiment sympa comme jeu. Il y a une part de hasard, mais c'est surtout un excellent jeu de stratégie.

Piste 64

- Salut !
○ Salut Léo ! Ben t'as l'air en forme ! T'as passé une bonne semaine ?
- Super ! Figure-toi qu'au boulot, ils ont mis en place un système de jeu pour les employés !
○ Comment ça ? Ne me dis pas qu'il se mettent à la *gamification* dans ta boite ?
- Gami quoi ?
○ *Gamification*. C'est le fait d'appliquer les mécanismes du jeu dans d'autres domaines comme le marketing ou le travail.
- Ah oui ! C'est ça !
○ C'est scandaleux ! Ils feraient mieux de dépenser leurs sous pour améliorer vraiment vos conditions de travail, ces requins...
- Ben dis donc ! T'as pas l'air emballé... Je vois pas pourquoi...
○ Parce que c'est de la manipulation !
- Mais, pas du tout ! C'est juste pour nous motiver un peu.
○ Oui, c'est ça, vous motiver... Favoriser votre productivité surtout ! Et leurs profits ! Tout en vous prenant pour des idiots...
- Peut-être... Mais au moins, on s'amuse !
○ Ca te dérange pas toi ? Tu trouves pas ça... infantilisant ?
- C'est pas plus infantilisant que de se faire engueuler par son chef parce qu'on ne va pas assez vite. Là, au moins, c'est marrant. On se lance des défis entre collègues, ça nous encourage et on rigole. Et en plus, je gagne des points et quand j'en aurai assez cumulé, je pourrais même les échanger contre des cadeaux. Je ne perds rien, bien au contraire !
○ Tu perds ta dignité !
- Non mais n'importe quoi hein ! Ma dignité ? Mais tu déraisonnes, papa ! Et tu es mal placé pour dire ça. Toi, tu as un travail super intéressant, et stimulant. Moi, je bosse avec des cartons toute la journée ! Je porte, je déplace, je range, j'emballe.

C'est ça mes journées ! Tu comprends pas que ça puisse me faire plaisir de pouvoir tromper un peu l'ennui ? Même si c'est sans doute artificiel. Je m'en fous moi, que ce soit artificiel ! Je suis juste content que le temps passe un peu plus vite !

o Je comprends ça Léo, mais tu vas voir, ils vont vous mettre en compétition et créer une sale ambiance dans ton équipe. Et le jour où tu seras un peu fatigué ou plus tellement motivé pour ces pseudo-jeux, et que tu te feras convoquer ou même virer par ton chef parce que tu auras eu moins de points que tes collègues, à mon avis, tu changeras d'avis !

• Ouais... Ben, on verra. En tout cas, pour l'instant, ça me redonne un peu envie de me lever le matin, et ça me va très bien comme ça !

Piste 65

• Edwige Coupez, si vous profitiez de l'été pour découvrir les bienfaits de l'ennui ? C'est ce que vous nous proposez ce matin Edwige.

o Prenez soin de vous, osez vous ennuyer sans peur et sans crainte de voir le temps filer sans le rentabiliser. Avant de publier *Buller malin* aux éditions Eyrolles, la coach Emilie Devienne a récolté les réactions de son entourage. Voici ce qu'elle a entendu : « Je ne m'ennuie jamais. Si seulement j'en avais le temps. Mais qui peut bien s'ennuyer aujourd'hui ? L'ennui, c'est pour ceux qui manquent de perspective ». Alors elle s'est mis en tête de réhabiliter l'ennui. Pourquoi les psychologues et les pédagogues le recommandent, le prescrivent même pour le bon développement de nos enfants et pourquoi, nous, adultes, et bien on n'y aurait plus le droit ?

• Et en quoi ne rien faire peut nous faire du bien ?

o Alors je ne parle pas de ne rien faire, je parle de s'ennuyer et c'est différent, c'est même le postulat de base de ce livre d'Emilie Devienne, ne rien faire c'est un choix alors que l'ennui c'est un état qui s'impose à vous, une baisse de motivation. Vous avez plein de choses à faire mais vous n'en avez pas envie. Une précision, cet état doit être passager sinon là on peut parler de dépression, c'est pas la même chose hein. Donc cet ennui, au lieu de le subir accablé de lassitude, à brasser des idées noires et bhein acceptez-le et voyez-le même comme un indice. Qu'est-ce qu'il vous dit ? Qu'il y a un truc qui ne vous convient pas, qui ne fait plus sens, qui n'est pas raccord avec ce que vous voulez en ce moment. L'ennui devient donc une occasion de mieux définir vos besoins, d'apprendre à dire non, de proposer des alternatives. L'ennui n'a pas forcément un pouvoir de nuisance, ça peut être un pouvoir d'alerte.

• Pourtant on fait tout, hein, pour ne pas s'ennuyer.

o Bah oui l'ennui fait peur hein et puis c'est pas agréable de s'ennuyer clairement, hein, ça permet pourtant de se reconnecter à soi, on vient de le voir, de mieux comprendre les choses aussi, de ne pas rester à la surface d'un sujet, de laisser les idées émerger, de nourrir votre créativité en allant chercher les solutions décalées pour vivre en accord avec vos besoins. Les vacances d'ailleurs sont propices à l'ennui et ne culpabilisez pas de vous ennuyer au bord d'une plage paradisiaque, c'est peut-être beau sur Instagram, oui mais l'an prochain vous serez peut-être mieux en montagne ou en randonnée.

• Merci beaucoup Edwige.

Piste 66

• Merci d'être réactif et de twitter, comme Jean-Pierre qui nous écoute et qui nous dit : « Jouer permet de passer du bon temps en famille et ça apaise les enfants avant d'aller au lit quand ils acceptent de perdre. » Alors, message personnel à toi Yanis, mon fils que j'adore : si tu pouvais devenir un bon perdant, ça serait tellement plus sympa le week-end quand on fait des

jeux de société ensemble ! On en apprend tellement sur nous-mêmes, sur notre entourage et notamment sur nos enfants quand on joue. Alain Boussou, c'est fou comme le jeu révèle des parties de nous un peu obscures que notre entourage ne soupçonnait pas forcément.

o Justement, dans le jeu on peut être quelqu'un qu'on n'est pas dans la vie réelle. Si on est très gentil dans la vie réelle, on peut l'être un peu moins et faire sortir sa part de méchanceté et beaucoup d'autres choses dans le jeu. Pour un enfant, ça va être aussi l'occasion de tester ses capacités parce qu'il se croit le maître du monde, et puis bon, malheureusement, le jeu va révéler qu'il a encore du chemin à faire pour grandir et pour devenir un adulte. Et puis le jeu va apprendre à perdre aussi parce que, malheureusement, plus on perd, et bien plus on est capable d'encaisser ce moment, cette souffrance. Bon, on apprend aussi à gagner et à temporiser, le jeu fait partie de ça.

Piste 67

a. En Europe, comme en Afrique, les fillettes aiment jouer avec des poupées.

b. Quand on est une maman, on aime voir ses enfants heureux.

c. Le marché des poupées en Afrique est encore jeune.

d. Sophie la girafe est un jouet incontournable dans la vie des bébés français.

e. En plus de jouer, les enfants utilisent leurs jouets pour apprendre.

f. Aux Antilles, les petits jouent avec des graines et des petites pierres.

g. Les jeux avec de petits copains sont à l'origine de la socialisation des enfants.

h. Une société qui ne joue pas est une société triste.

Piste 68

a. Bonjour Édouard, bonjour Agnès.

b. Face aux problèmes de la vie actuelle, le jeu représente une solution.

c. Une éducatrice américaine propose des jeux adaptés à chaque enfant.

d. Trente euros est un prix raisonnable pour une poupée ?

e. Les dames chinoises se jouent sur un damier perforé pour y mettre des billes de couleurs.

f. fGarçons et filles aiment jouer avec des ballons.

g. À Amsterdam, les jeunes gens adorent patiner.

Piste 69

a. Ils vont à Bari.

b. Voilà le pont.

c. Il prend son pain.

d. Il n'a pas pu.

e. C'est du bois.

f. J'aime les brunes.

g. Il a conçu un beau palais.

Piste 70

a. Pierre est brésilien. Il habite à Bali.

b. La pie est un oiseau bavard.

c. Parle ! Et ne baille pas.

d. Mon pépé va au bal avec Béatrice.

Piste 71

• 6h52, Capture d'écrans, Redwane Telha aujourd'hui vous nous proposez d'assister à un spectacle de stand-up, et ce, sans quitter notre canapé.

○ Et encore une fois merci Internet car c'est aujourd'hui là que de plus en plus d'humoristes partagent les captations de leur seul-en-scène. Reconnaissez que c'est assez pratique lorsque l'on habite pas à Paris ou dans une ville où il n'y a pas une multitude de spectacles qui se jouent chaque soir, tout aussi pratique d'ailleurs quand on habite à Paris et qu'on a tout simplement envie de rester tranquillement chez soi. Alors pour regarder du stand-up sur internet, il y a aujourd'hui plusieurs solutions. La plus évidente : être abonné à une plateforme de vidéos à la demande qui rachète les droits de diffusion de spectacles. Netflix en propose depuis longtemps et Amazon Prime Vidéo s'y est mis depuis peu. Cette semaine Amazon a même mis en ligne le dernier spectacle de Jérôme Commandeur, premier humoriste français sur cette plateforme.

• Et pour les auditeurs qui ne sont abonnés ni à Netflix ni à Amazon ?

○ Alors rassurez-vous il y a d'autres possibilités. Kyan Khojandi a récemment publié l'intégralité de son précédent spectacle sur YouTube. Il s'appelle *Pulsion*. Il y est aujourd'hui disponible et ce, gratuitement. Et il n'est pas le seul humoriste à faire le choix de YouTube : Mustapha El Atrassi y partage ses spectacles depuis maintenant plusieurs années. Ça présente tout de même quelques soucis : d'abord ça ne rapporte pas beaucoup d'argent, un peu grâce aux revenus publicitaires mais pas assez pour en vivre. Et puis certains humoristes n'ont pas forcément envie d'offrir leurs œuvres à YouTube donc à Google sans être payé par la firme. La notion même de gratuité peut déranger, on le comprend assez bien. Quel message les stand-uppers envoient-ils au public quand ils proposent leurs spectacles pour zéro euro ? Que leurs œuvres ne valent rien ? Qu'ils se produisent sur scène uniquement par amour de l'art ? Toutes ces problématiques font naître de nouvelles manières de consommer le rire. L'humoriste Haroun propose sur son site Internet un spectacle « au chapeau ». Chacun peut mettre la somme qu'il veut par carte bleu ou par PayPal. Mais on peut aussi le visionner sans débourser le moindre centime. Autre modèle : celui défendu par Vérino depuis quelques jours. Un modèle entièrement payant cette fois-ci. Sur son site, pour neuf euros, il propose quatre shows de 25 minutes chacun plus quelques minutes d'impro. Et pourquoi 25 minutes ? « J'me suis rendu compte depuis qu'j'ai trois enfants, je n'ai plus le temps de regarder des trucs à la télé ou sur Internet qui durent plus de 25 minutes et j'me suis dit, j'suis sûr y a d'autres personnes dans mon cas. J'suis sûr qu'y a des gens ils mettent un spectacle et puis au bout de 25 minutes ils ont envie de pisser et puis y a l'autre qui pleure, le biberon, et après ah putain j'ai pas r'gardé la fin, donc là j'me suis dit, t'sais quoi, j'vais moi créer mon propre format qui me va à moi pour tous les gens qui fonctionneront de la même manière. » Bon alors je n'ai pas choisi cet extrait au hasard. Si je vous le fait écouter c'est parce que Vérino met en évidence le problème majeur dans le fait de regarder un spectacle sur son canapé, à savoir l'attention. Même si vous n'avez pas d'enfants, bha je vous assure que vous trouverez toujours quelque chose ou quelqu'un qui saura vous perturber à la maison. En cela, rien ne vaut l'expérience en salle : ça vaut pour le cinéma comme pour le spectacle vivant. Mais pour tous ceux qui n'ont pas les moyens ou pas la possibilité de se rendre au théâtre il y a Internet. Alors bien sûr, cette expérience du stand-up à travers un écran ne sera qu'un ersatz virtuel de ce que l'on peut vivre en salle. Mais je peux vous assurer que votre rire, lui, sera bien réel.

Piste 72

1. Les enfants ! Ce soir, on vous laisse avec la nounou !

2. Tu connais Thibaut ? Tu savais qu'il avait trompé sa copine deux fois ? Une fois avec sa meilleure amie et une fois avec sa sœur !

3. Le prof de français, M. Brunelle, il aimait amuser la galerie ! C'était un vrai clown !

4. Il m'avait promis qu'il m'aiderait à organiser cette fête. Et bien, il ne l'a pas fait et figure-toi qu'il n'est pas venu non plus.

Piste 73

• *Le journal des idées*, Jacques Munier.

○ France Culture il est 6h40, bonjour Jacques.

■ Bonjour Dany, bonjour à toutes et à tous.

○ Alors les vacances de Noël approchent, un petit air de « je-ne-sais-quoi » flotte dans l'air et givre les esprits. C'est le moment de parler d'humour Jacques.

■ Oui, oui, oui mais l'exercice est aussi risqué qu'un tango sur le verglas ! « Je tiens pour impossible – disait déjà Cicéron – même pour le plus amusant des hommes, d'expliquer l'humour avec humour ». Alors voyons chez le philosophe Emmanuel Kant, je cite : « Le rire est un affect procédant de la manière dont la tension d'une attente est réduite à néant » Désopilant, non ? Bon Lacan, qui déclara lors d'un de ses séminaires « Je suis un clown, prenez exemple sur moi mais ne m'imitez pas », disait quelque chose d'approchant, en insistant sur le caractère inattendu de ce qui provoque le rire. Selon lui, le comique naît du « rapport de l'action au désir et de son échec à le rejoindre ». Le choc et le rire, l'humour et le désespoir : ces couples d'oppositions définissent bien le phénomène. Raymond Devos le traduisait à sa manière en prétendant que le premier rire a fusé lorsqu'un primitif est – littéralement et dans tous les sens – tombé sur le cul. Le rire est aussi un rite d'affiliation sociale, même sous son aspect négatif, lorsque l'ironie mordante ou le sarcasme ont pour effet d'exclure l'autre. « On rit mal des autres quand on ne sait pas d'abord rire de soi-même » disait Léautaud, qui pouvait avoir la dent dure. Rire c'est aussi montrer les dents, mais en signe d'apaisement. Il y a dans l'humour et le rire une dynamique paradoxale, un renversement de perspective, un retour à l'envoyeur. Il paraît que certaines histoires juives étaient au départ des blagues antisémites, récupérées et détournées en manière de « retournement du stigmate ».

Piste 74

« L'humour c'est un coup de poing dans la gueule mais emballé quand même dans du papier de soie ou du papier de bonbon. »

« C'est prendre les préoccupations des gens, se les mettre sur le dos pour les en débarrasser. »

« Il faut être négatif dans l'humour, il faut être critique fatalement. Simplement il y a une affaire de morale, il faut savoir ce qu'on peut dire, ce qu'on a envie de dire. Je crois qu'il faut être sincère. Moi il faut que j'aie des vraies colères, faut que j'aie de vraies humeurs pour pouvoir exprimer certaines choses. »

« Je pense que les sujets les plus dramatiques sont les sujets les plus drôles à traiter, hein de toute façon, parce que dès qu'il y a du désespoir c'est drôle en fait. »

« L'humour c'est quelque chose qui se manie avec des baguettes et il ne faut pas en être conscient de son humour et dès qu'on en est conscient on fait un humour qui est de mauvaise qualité. »

« Moi je pense qu'on l'a en soi, vraiment, mais on ne le sait pas toujours. Je ne l'ai pas su pendant fort longtemps et puis un jour on découvre qu'on peut faire rire. Y a quelque chose qui se passe, on découvre tout à coup qu'on peut faire rire. »

« L'humour c'est le contraire de l'esprit de sérieux, c'est le contraire de la vanité, c'est le contraire de l'orgueil parce que qu'est-ce que c'est que l'humour ? C'est la capacité à rire de soi par différence avec l'ironie qui est plutôt la capacité à rire des autres et aussi assurément l'orgueil, la vanité ou l'esprit de sérieux sont des défauts aussi assurément l'humour est une vertu. »

Piste 75

a. Les blagues se basent souvent sur des stéréotypes.
b. On aime rire des malheurs des autres.
c. Les Belges sont la cible des blagues des Français.
d. En Amérique Latine, on fait des blagues sur les Espagnols.
e. Le *stand-up* est un style d'humour qui vient des États-Unis.
f. Pour faire du *stand-up*, vous n'avez besoin d'aucun décor.
g. L'humour est très culturel, l'humour des Anglais est difficile à comprendre pour les autres pays.
h. Le *Street Art* s'est surtout développé dans la banlieue parisienne.

Piste 76

a. Traditionnellement, les humoristes sont des hommes.
b. De plus en plus de femmes entrent dans le monde de la comédie.
c. L'humour est nécessaire pour avoir une stabilité émotionnelle.
d. Le rire est contagieux. On rit quand quelqu'un qui est proche de nous rit.
e. Le rire permet de se débarrasser du stress et renforce le système immunitaire.
f. Selon des études, rire peut servir comme une thérapie pour certaines maladies.
g. Il est important de pouvoir rire de nos malheurs.
h. Lakis Lazopoulos est un humoriste grec très célèbre.

AUDIO DELF

Piste 77

• Tout d'abord Marion parlons de ce concept d'être en couple avec soi-même parce que c'est quelque chose dont on parle beaucoup dans les derniers jours à la suite de cette entrevue que l'actrice Emma Watson, que vous connaissez pour son rôle pour Harry Potter, donc dans le *Vogue* britannique elle a affirmé qu'à l'aube de ses trente ans elle est heureuse de son célibat mais surtout ce qui a frappé c'est qu'elle se décrivait comme self-partenered, c'est-à-dire en relation ou en couple avec elle-même.
◦ Oui.
• Qu'est-ce que cette nouvelle façon de voir le célibat ?
◦ Je crois que c'est important aussi de regarder de quelle façon elle le dit. Elle n'a pas rejeté le terme célibataire, elle a vraiment juste précisé le type de célibat qu'elle vivait et en disant qu'elle était en couple avec elle-même. Ce qu'elle précise c'est que c'est volontaire et c'est que ce n'est pas nécessairement involontaire. C'est un préjugé que généralement la société a : les gens qui sont célibataires sont en attente d'éventuellement être en couple et que c'est difficilement envisageable de ne pas souhaiter être en couple. Être heureuse seule ou célibataire, pour bien des gens c'est un mystère mais depuis quelques années quand même on revendique beaucoup cet état là de bien-être que procure une vie dés fois sans anxiété causée par l'autre. C'est pas, c'est quand même pas rien.
• Exactement et notre société le permet de plus en plus. Ya quelque chose aussi d'historique avec le fait qu'y a une automatisation des femmes qui permet aussi cette volonté là d'être célibataire alors qu'on était dans une époque où les rôles

étaient très genrés. La famille, le couple étaient très genrés. C'était effectivement difficile pour une femme de pouvoir dire « je veux être célibataire ». Et y a vraiment une nécessité souvent d'avoir presque le soutien économique de l'homme dans la façon que la société elle était faite. Donc c'est quand même un phénomène qui nous touche nous, je dirais plus en occident ou dans les sociétés qui sont plus privilégiées, plus que le célibat dans les pays du sud, c'est quand même un enjeu qui est particulier.
◦ Tout à fait.
• Ça demande une autonomie et en disant qu'on était célibataire de façon volontaire c'est un coup aussi une transition, c'est un peu de dire comme quelqu'un qui dit « Je ne veux pas d'enfant » ou lieu d'être en attente un jour d'avoir un enfant. En disant je suis célibataire et volontairement c'est pour dire arrêtez d'attendre que je change d'état. Et quand on regarde les éléments qu'on associe au succès social, de quelle façon on va calculer que sa vie est un succès, souvent du côté social c'est vraiment des étapes assez claires comme justement le couple, justement la famille, des étapes qui sont quand même charnières. En se disant célibataire de façon volontaire elle passe une de ces étapes là, une de ces transitions de vie, comme un petit peu dans son parcours de vie mais en enlevant le côté couple, mais cette transition là elle est faite. Et puisqu'elle approche l'âge de la trentaine les gens devaient aussi commencer à se demander où elle était, parce que souvent y a la pression de l'âge, plus justement on vieilli, plus on attend de nous certains comportements puis certaines transitions de vie donc c'est vraiment ce qui est intéressant avec ça.
◦ J'me rappelle dans *Sex and the city*, j'me rappelle pas de la statistique exact là mais c'était une des protagonistes qui avait dit « T'as plus de chance de mourir dans un accident d'avion que trouver un chum passé genre l'âge de 40 ans ».
• Oui oui y a toute cette culture-là aussi qu'en vieillissant c'est une denrée extrêmement rare de trouver un amoureux et il faut être en couple.
◦ Oui et encore plus encore une fois y a quelque chose de genré aussi là quand même encore plus chez les femmes, c'est encore quelque chose qui va plus menacer la capacité de trouver quelqu'un dans sa vie que chez les hommes.

Piste 78

• Esprit d'initiative à présent avec Emmanuel Moreau, ce matin nous allons dans un supermarché particulier puisqu'il fabrique son compost et il l'offre à ses clients.
◦ Le supermarché d'Evron en Mayenne, à une cinquantaine de kilomètres à l'ouest du Mans, innove Mathilde. Depuis quelques semaines il s'est lancé un défi en voulant tendre vers le zéro déchet. Ce magasin a investi dans une machine qui transforme les déchets, ceux qu'il aurait habituellement jetés, en compost. Ainsi sont mis de côté, les fruits, les légumes, les œufs mais aussi les os retirés des étals. Ils servent à alimenter le composteur et se retrouvent pèle-mêle mélangés et transformés. Le directeur, Hubert Lechat affirme que cette démarche est une première en France et que cela fait des années qu'il y réfléchit. Pour en arriver là, une étude a été réalisée l'année dernière au Super U afin de mesurer la quantité de déchets recyclables. Il est vrai que le gaspillage alimentaire est pointé du doigt. Selon l'Ademe, l'agence de l'environnement et de la maîtrise de l'énergie, 1,4 millions de tonnes sont gâchées chaque année par le secteur. Un tiers de nos poubelles se retrouvent remplies de bio déchets qui pourraient être transformés justement en compost.
• Et dans ce supermarché d'Evron combien de kilos de déchets sont ainsi traités ?

○ Et bien pour l'instant la cuve ne déborde pas Mathilde. La machine, un éco digesteur ED20 piloté par ordinateur, peut accueillir jusqu'à 200 kg de déchets alimentaires, ce qui est supérieur à la quantité de déchets jetée par le magasin. En effet, le supermarché donne déjà aux associations les produits alimentaires en date courte, et les restes de viande à des animaux. Les déchets organiques de l'enseigne sont donc voués à disparaître en intégralité. « Chaque jour nous mettons dans la machine 125 kg de déchets organiques. Ils proviennent du magasin mais aussi de la cafétéria » précise Hubert Lechat.

• Comment se déroulent les opérations ?

○ Tout est d'abord broyé Mathilde, ensuite passé dans la cuve de fermentation où les choses vont très vite comme l'explique Pierre Zéau du *Figaro* demain : « Dans le supermarché la fermentation en machine dure environ 24h et précision importante ni odeurs ni gazs nocifs ne s'en dégagent. Les déchets perdent alors la quasi totalité de leur poids pour se transformer en compost ou en engrais selon la nature du déchet. Ce compost fertilisant est ensuite mis gratuitement à la disposition des clients à l'entrée du magasin, qui peuvent directement l'utiliser pour leur jardin, leur potager ou pour leurs plantes. » Et précision utile Mathilde, il peut être aussi stocké durant une année.

• Et ce qu'il faut dire quand même c'est que le compostage est une pratique de plus en plus répandue même en ville.

○ Et oui certaines incitent même les habitants à faire leur compost de façon individuelle ou collective. On trouve des composteurs chez les particuliers, au pied des immeubles mais aussi maintenant dans les entreprises. À Paris comme ailleurs il y a même des formations pour devenir maître composteur, un métier d'avenir.

• L'esprit d'initiative, tous les matins dans le 5/7 avec Emmanuel Moreau.

Piste 79
Document 1

• « Ici on se tutoie ! » On entend de plus en plus cette règle dans les entreprises. Pourtant, ce n'est pas une pratique qui fait l'unanimité. Sophie Pépito, anthropologue, nous aide à comprendre.

○ En effet, tutoyer son supérieur hiérarchique est devenu une pratique assez courante puisque plus de 60 % des salariés feraient ainsi. Cependant, ce n'est pas à la portée de tous. D'abord, une récente étude montre que plus de la moitié des femmes interrogées préfèrent vouvoyer leur supérieur. Ensuite, les cadres sont davantage disposés à tutoyer leur chef, au contraire des employés qui n'osent pas toujours. Il y a également une réticence liée à l'âge puisque globalement, les plus jeunes ont tendance à vouvoyer leurs aînés. Enfin, les études que l'on a faites et notre groupe social d'appartenance jouent un rôle important. Par exemple, si vous vous rendez compte que votre chef ou votre collègue a fait la même école de commerce que vous ou qu'il est inscrit dans votre club de golf, alors vous céderez plus facilement au tutoiement.

Document 2

• Plus vieux, plus heureux, ça réjouit tout le monde d'entendre ça mais est-ce la vérité ? Et bien, oui, apparement d'après la plupart des données chiffrées dont nous disposons, c'est plutôt vrai, en tout cas en occident et dans la tranche des personnes de 50 à 70 ans. Dans cette période-là, une majorité d'entre nous, vit ses années les plus heureuses, les plus épanouies, les plus apaisées. Paradoxal tout de même alors que le corps vieillit, les rides apparaissent, les cheveux blanchissent ou s'éclaircissent. On a de plus en plus souvent mal quelque part. Comment fait-on pour se sentir tout de même plus heureux à 60 ans, qu'à 20 ou 40 ? Peut-être

justement à cause de cela ou plutôt grâce à cela, grâce à toutes ces adversités et ce rappel à l'ordre. À partir de 50 ans on finit par comprendre que notre vie et notre corps ne seront pas éternels, que le bonheur ce n'est pas pour demain mais pour aujourd'hui et que c'est maintenant ou jamais. On le savait avant bien sûr, quand on était plus jeune, mais on le savait seulement dans sa tête. Là on le sait dans son corps. Premières limitations physiques, premières maladies chroniques, premiers amis de notre génération qui meurent. Impossible alors de continuer à fermer les yeux et à se croire immortel. On sent bien que le compte à rebours a commencé. À ce moment, on utilise enfin son expérience de la vie, on comprend qu'il faut éviter les souffrances inutiles et se contenter d'affronter celles que le destin nous envoie sans en rajouter. On comprend qu'il faut savourer tous les bonheurs même les tout petits, même les imparfaits, même les incomplets, même quand on a mal dormi, même quand il fait gris.

Document 3

• Les jeux vidéo sont débilisants. Les jeux vidéo favorisent les comportements violents. Malgré ces sempiternelles ritournelles, ces derniers continuent de connaître un franc succès auprès des jeunes et des moins jeunes... et c'est tant mieux ! En effet, contrairement à ce que certains peuvent penser, de nombreuses études montrent qu'ils peuvent modifier, en bien, nos compétences cognitives. D'abord, une pratique régulière permettrait d'augmenter le volume du cerveau en développant les aptitudes à se concentrer – l'attention visuelle – et à se coordonner spatialement. D'ailleurs, ce n'est pas pour rien que les jeux vidéo sont de plus en plus utilisés comme thérapie chez les patients souffrant de troubles mentaux, ou comme outil dans le processus de guérison des victimes d'AVC. Ensuite, il semblerait, qu'à force de jouer, le cerveau devienne plus plastique puisque les différents espaces du cerveau communiqueraient mieux entre eux. Il serait donc plus facile, pour les joueurs aguerris, d'inventer de nouvelles connexions, de s'adapter à différents environnements ou expériences... Évidemment, la consommation de ces jeux, comme toutes les autres pratiques, doit se faire avec modération et ne doit pas empêcher le joueur d'avoir d'autres activités.